苏州典范

典范苏州社科普及精品读本

吴语

——听声——耳畔苏州——

柯继承/著

苏州新闻出版集团
古吴轩出版社

总序

范小青

当我睁开眼睛，学着看世界的时候，我认识了苏州，认识了苏州人。

小时候，苏州很大，怎么也走不到边，八个城门，就像八个遥远的童话。长大后，苏州变了，不复存在的城门成了永久的记忆。

几十年来，我一直在写苏州，只有写得好与不好的区别，不存在写与不写的问题；只有写不够的饱满感觉，绝无不想写的丝毫念头。

确实，苏州是永远也写不尽的。

我熟悉苏州的一草一木，老城区的每条巷子，城外的每处山水；北边的阳澄湖，西边的太湖。人们在这座城市恬静安乐地生活，这种生活本身就说明了这座城市的不凡。

然而，一代又一代的人，还是忍不住要记下苏州究竟有多好。

因为苏州的独特的好，从古至今，住在苏州的，来过苏州的，甚至只是听说过苏州的，都要忍不住为她写点什么。

只是，一旦提笔，就难免会觉得，大家已经写得够多的了，持续的书写还有意义吗？但同时立刻又会想到，我们之所以能看到今天的苏州，能更深地理解苏州，不都是因为前贤们留下来的一字一字、一书一书、一碑一碑？

所以，记录总是有意义的。

何况是记录苏州。

从伍子胥建城至今，苏州古城有两千五百多年的历史了。再把时间往前推移到泰伯奔吴，岁月的线索就拉得更长了。而有实物考证的历史，比传说还久远，太湖三山岛遗址、唯亭草鞋山遗址，都见证了中国最早的文明。

大家都说苏州城秀美，物阜民安，文化丰饶。其实苏州未尝没有经历过天灾人祸、兵荒马乱，只是这里的人，总是能很快在废墟上重建辉煌。这份坚韧和刚毅，才是最值得我们骄傲的。

面对历史积累下来的无数辉煌，苏州市委宣传部、市社科联和古吴轩出版社联合编辑出版的这套《典范苏州·社科普及精品读本》，选用了一种很特殊的方式来介绍苏州灿烂而独特的文化：听声、读城、博物、品味、识人、传道，六个系列，声色指间，可听可感地把苏州文化娓娓道来。

典范苏州，其沉淀、传承与创新的文化，在中国甚至在世界文化领域都具有一定的代表性、独特性、丰厚性以及它们的传承性和创新性。这些典范特征不仅体现在特色鲜明的物化形态上、门类齐全的艺术形态上，还体现在文化心理的成熟、文化氛围的浓重、文化精神的彰显等诸多方面。可以说，这套丛书所选主题、所涉内容都充分展示了这种典范的特性。

虽然同样涉及昆曲评弹、园林山水、年画刺绣、名贤廉吏等，但这套书和之前出版的一些介绍苏州文化的丛书相较还是颇为不同、富有创意的。图片多，文字又多以散文笔法呈现，读起来轻松，有亲近感。用这样的方式来介绍苏州的典范文化，把那些遥远的传统，更明了更具象地普及到我们这个时代的人们面前。作为一套普及读物，丛书编纂不仅邀请了一批经验丰富的吴文化专家坐镇，还请来一批来自高等学府的青年学者、来自中国作家协会的专业作家，以及一部分崭露头角的青年作者共同助阵。组建这样一个知识体系和年龄层次都比较全面的作者梯队，是希望做到吴文化的有序传承和创新发展，为各年龄阶段的大众读者呈现一个新鲜的、全面的、美丽的苏州。

在这里，典范将一一亮相：《昆曲》，一声缠绵低吟，是苏州人的精致优雅；《古典园林》，文人信步，是苏州人的闲情潇洒；您再走走，《街巷里弄》都藏着故事，您也许就能在巷陌遇见一位唐宋走来的名贤，或是一位抿着笑意的明季才女……其他每一册也有诸多亮点。其中较为特别的，是“传道”这一个系列。《家风》《学风》等都是十分重要的苏州文化内容，影响深远，关乎时代命题，是新的文化使命，把这些内容包含进来，也是《典范苏州·社科普及精品读本》的一个新的探索。

党的十九大报告指出，要加强文物保护利用和文化遗产保护传承，要坚定文化自信，推动社会主义文化繁荣兴盛。《典范苏州·社科普及精品读本》的编纂出版过程，是提升城市文化自信的一个具体的实践。所以，无论是像我这样的老苏州人，或者是想了解、想融入这个城市的新苏州人，都不妨来读一读，或者您就是苏州的一个过客，甚至您只是在诗文戏曲里到过苏州，都可以从这套丛书中欣赏到苏州的诗意景象、文雅风尚、历史积淀、时代风貌，如同身临其境，一定能够真切体会身在苏州的骄傲和自豪，深切感受对于中华文化的自信和热爱。

昆曲、评弹

吴侬软语

江浙话

吴语

癞团

癞头鼋

没关系

弗碍个

狂妄

天呒不箬帽大

辰光

时间

苏州话旧时通常指苏州城区、郊区和吴县的地方方言，而吴方言，则包括今江苏南部、浙江大部及上海市使用的方言，即所谓“江浙话”。

苏州话属于吴语范畴，是温山软水孕育下的方言，人称“吴侬软语”，是吴语中语音最好听、影响力最大的一支，从来就是吴方言的代表。

白脚花狸猫

赤松

天外有天，山外有山

七石缸门里大

讲张

张士诚

宝苏局

板板六十四

你好

倷好

来赛个

行的

是塔，不是（北寺）塔

商量北寺塔

几铜钿

肉里钿

所托非人

托人托格黄伯伯

吴语关键词

苏州闲话　吴方言

玩

白相

江南

软糯

小娘唔

小姑娘

目录

引子 / 001

㊀ **讲场化** | 苏州城生长出的苏州话

吃得落乱砖头，吐得出北寺塔 / 006

商量北寺塔 / 008

中街路格鬼，拣软格欺 / 010

四摆渡 / 012

二门口听铳 / 014

船到桥头自然直 / 016

倷格耳朵勒浪陆稿荐 / 018

贰 **讲物事** | 旧物事中藏着老人言

盬米囤饿煞 / 024

七石缸门里大 / 025

天呒不箬帽大 / 028

呒不棺材讨棺材睏 / 030

肉里钿 / 034

蒲鞋出苏苏，一场呒结果 / 036

全本《西厢记》 / 038

叁 **讲动物** | 苏州人的小寓言

白脚花狸猫，吃仔往外跑 / 044

煨灶猫　/ 046
瞎猫拖死老虫　/ 048
会捉老虫猫勿叫　/ 052
蜻蜓吃尾巴——自吃自　/ 054
三脚癞团　/ 056
癞头鼋　/ 061
青肚皮猢狲　/ 067
猢狲戴帽子，像煞有介事　/ 071
牛吃蟹　/ 073
羊妈妈千跟斗——角别　/ 076
蚂蝗叮鹭鸶　/ 078
鸭屎臭　/ 080

肆　**讲物产**｜鱼米之乡才有的口头禅
白纸头包杨梅　/ 086
冷镬子里爆出热栗子　/ 088
夹忙头里炒螺蛳　/ 090
腌笃鲜　/ 092
头新鲜，尾巴腌　/ 094
黄鱼脑子不开窍　/ 096

伍　**讲数字**｜数字里的酸甜苦辣
七死八活　/ 100
板板六十四　/ 104
逃脱格鲤鱼十八斤　/ 107
一筅帚甩煞十八只蟑螂　/ 111
三个铜白糖，一蘸就光　/ 113

一粒米笃粥　/ 115
三礼拜六点钟　/ 118
三日不吃青，两眼冒火星　/ 120

陆　**讲老话**｜被遗忘的生活百态
戳浮尸　/ 126
乡下大姑娘，有吃呒看相　/ 128
瘌痢背洋枪，洋枪打老虎　/ 130
搛着一筷呃　/ 133
三脚猫　/ 135
敨敨叉袋底　/ 138
江西人觅宝　/ 139
拨倷乘仔白船，还嫌杉木气　/ 142

柒　**讲鬼话**｜“鬼话连篇”的心理注解
阎罗王格爷——老鬼　/ 146
鬼迷张天师　/ 149
亦做师娘亦做鬼　/ 151
落水鬼　/ 152
鬼画符　/ 156

捌　**讲史话**｜苏州话中的历史印记
铜钿眼里千跟斗　/ 160
半腰里杀出个程咬金　/ 163
张公养鸟，越养越小　/ 165
捉兔子　/ 167
搭浆　/ 169

赤松　/ 171
老鬼（车）失匹　/ 174
讲张　/ 177
托人托格黄伯伯　/ 180
千年文书好合药　/ 182
木渎巡检司，吃饭（粮）不管事　/ 185
新鲜活死人　/ 190

玖 **讲习俗** | 岁时民风方言里
观音山轿子——人抬人　/ 194
老和尚过江　/ 197
乌米饭　/ 201
牵羊赌彩　/ 205
出会　/ 207

拾 **讲闲话** | 稀奇事体有一箩筐
稀奇　/ 214
嘴花野味　/ 218
一拍胳缝　/ 220
鼻涕说鼻涕　/ 222
派头一落，转去吃粥　/ 224
鸭孵卵冒充金刚钻　/ 225
盐也（亦）勿是盐，酱也（亦）勿是酱　/ 227
伸头一刀，缩头也是一刀　/ 228
嚼大头蛆　/ 230

后记　/ 234

醉里吴音相媚好。

——宋·辛弃疾《清平乐》

引子

说起苏州话、苏州方言（苏州闲话），人们马上就会联想到吴语或吴方言，因为苏州是吴地文化的发祥地，吴地文化的中心。相关的历史与内容，不管争论到什么地方，争论到什么年代，看到一个“吴”字，写到一个“吴”字，令人首先想到的就是“苏州”，而不是其他城市，其他地方。

因此，某种意义上说，“苏州”就是“吴”，“吴”就是“苏州”。

当然，严格地讲，“苏州”只是吴地的中心、吴地的代表，两者区别还是有的。就地域大小而言，苏州城指的是当年吴王阖闾命令伍子胥负责设计与建筑的国都阖闾大城，其地盘所在，即今天的苏州古城；而吴地，作为吴国的疆域，面积要大得多，以当年吴国统属地域而言，南自今天的江西省东北部，北到江苏省的北部，西自安徽省的东部，东至黄海、东海边。就使用方言的地区而言，苏州话旧时通常指苏州城区、郊区和吴县的地方方言；而吴方言，则包括今江苏南部、浙江大部及上海市使用的方言，即所谓“江浙话”。再详尽些，则可说吴方言区域包括了今长江以南苏、锡、常三市，镇江的丹阳，南京的高淳，长江以北的南通、海门、启东、靖江，上海全境，以及浙江除淳安、建德、苍南、平阳以外的所有地区，和江西、安徽的部分区域。

苏州话属于吴语范畴，是温山软水孕育下的方言，人称“吴侬软

◆吭铃吭铃马来哉，隔壁大姐转来哉。带点啥格土特产？嘉兴粽子杭州篮，葑门塘藕水莼菜，娘搭送一眼（一眼：『一点』的意思），姐搭送一眼。做做人情，娘亦欢喜姐亦爱。

◆摇啊摇，摇啊摇，摇到外婆桥。外婆叫我好宝宝。买条鱼烧烧，头勿熟，尾巴焦，摆勒碗里哔卜跳，外甥看仔哈哈笑。

◆冬瓜皮，西瓜皮，囡囡赤膊咯嫽面皮。

◆落雨哉，打烊哉，小巴拉子开会哉。

◆乌龟（音居）上街头，生意闹稠稠。尖锥尾巴橄榄头，胡椒眼睛骨溜溜。大乌龟搽哼叫？嘎！嘎！小乌龟搽哼叫？叽！叽！大小乌龟一淘叫，客客气气问你老板讨个铜板买药料，药杀乌龟开年勿来讨。

语”，是吴语中语音最好听、影响力最大的一支，从来就是吴方言的代表。而吴方言，则是中国七大方言之一，就使用人数而言，它属于汉语中第二大方言，仅次于北方方言。

苏州话历史悠久，特征明显，但几千年来变化也大，这里不拟详述。它给人们最大的印象，或者说为人们一致公认的是它“好听”，语音轻清柔和，讲起来亲切、软糯、甜美，早就成为苏州文化的标识，蕴含着极为丰富的文化内涵。被世人公认为世界文化遗产的昆曲、评弹，也是通过苏州话来传承的。

苏州话的词语特别丰富，它的常用词语、俗语、熟语和谚语，相当程度上体现了几千年来国人意象中的“江南”，尤其是苏州的风物特色，反映了“江南”，特别是苏州的人文内涵。苏州话不仅十分形象、优雅、风趣，而且十分凝炼、深刻，从来就是祖国语言宝库中熠熠生辉的明珠。但是，毋庸讳言，近几十年来，随着普通话的推广和人才的延揽、汇聚（苏州目前已成了全国最大的移民城市之一，移民比例之高仅次于深

◆月亮堂堂，姊妹双双。大姊嫁勒上塘，二姊嫁勒下塘，三姊呒人要。一顶花花轿，一抬抬到接驾桥。一蒸馒头一蒸糕，砰、嘭、啪。

◆勿高兴，吃糕饼。糕饼甜，买包盐。盐么咸格，买只篮，篮么漏格，买包豆。豆么香格，买块姜，姜么辣格，买只鸭。鸭么叫格，买只鸟，鸟么飞格，买只鸡。鸡么啼格，买只梨，请请你格小弟弟。

◆笃笃笃，买糖粥，三斤胡桃四斤壳，吃仔你格肉，还仔你格壳。

◆炒，炒，炒黄豆，炒好黄豆翻被头。

◆小囡小囡不要哭，肚皮饿仔吃冷粥、咸鸭蛋、酱汁肉，小囡吃仔还要哭？

◆麻子麻，采枇杷，枇杷树上有条蛇，吓得麻子顶倒爬。

圳），市民在工作和生活中开始大量使用普通话，能说标准和流利苏州话的市民相对减少，苏州话正在走向衰落，同时语音也发生了明显的变化。但是，作为地域文化传承的载体，作为苏州市民日常的生活用语，苏州话又有着强大的生命力，更是祖国语言中的宝贵财富。它不仅影响着生活和工作在苏州的人们的沟通、交流和生活方式，见证着吴地社会、历史、文化和民俗的发展与演变，还包含着汉语中许多精彩的亮点和未解之谜，也一定程度上影响着我国的其他地区的方言，从而为祖国语言的发展与变化做出贡献。

为了进一步探索苏州闲话中的相关人文内容，我在已搜集的上千条苏州方言词目中，分门别类，精选了八十条有渊源、有故事、风趣活泼的词目，予以考证和介绍（其中部分条目，早先已在某些报刊上发表过，后又经过修改与补充），贡献给大家。语言的生命力在于使用，希望本书能给关注、使用和保护苏州话，乐意融入和乐意研究苏州社会、苏州风俗、苏州情调、苏州生活方式的朋友们，带来兴趣、方便和快乐。

壹

讲场化

——苏州城生长出的苏州话

苏州话的美丽，美在娇糯，美在优雅，美在场景。举凡古城的街巷、园林、庙宇、桥头、渡口、庭院、市井，哪怕是一草一木，一砖一瓦，轻松拈来，化作语言，活在嘴边。

吃得落乱砖头，吐得出北寺塔

苏州向有“塔城”之誉，城内外至今仍有宝塔好多座，其中又以城内北寺塔最为亮眼。

北寺塔八面九层，为砖木结构楼阁式建筑，高约七十六米，塔刹高耸，长度约为塔高的五分之一。整座宝塔气势轩昂，雄伟壮观。原名报恩寺塔，北寺塔是其俗称，又简称北塔，是苏州古城内最雄伟的佛塔。位于苏州古城区北部报恩寺（北寺）内，处于苏州南北主干道人民路北段，是苏州城内极具民族特色和文化内涵的景点，也是至今为止，古城内最高的地标性建筑。

苏州话“吃得落”，即“吃得进”、“吃得下”，是“受得了”的意思。“吐得出”是给予的意思。砖头碎而乱，当然不是好东西。而北寺塔却是苏州一座“吸人眼球”的建筑。“吃得落乱砖头，吐得出北寺塔”，是形容人有肚量，有雅量。也就是说，某人的肚量很大，受得了各种委屈（中伤、谣言、损失），却以德报怨地做好事、善事（给人予方便、好处与利益），与北方方言形容“大人有大量”的“宰相肚里能撑船”异曲同工，但比之更胜一筹。“宰相肚里能撑船”是被人形容，不用作自称，“吃得落乱砖头，吐得出北寺塔”却可以自许、自勉、自诩。比如，可以这么说：“我几年来亏还吃得少吗？受的猜疑还少吗？但我吃得落乱砖头，吐得出北寺塔，我还会照样做下去，决不会甩手不做，更不会怪谁怨谁的。”

当然，此话也可以用来劝人、奉承人。因为“北寺塔”毕竟是成功的眩目标志，所以此话又有几分激励意味，如：“不要灰心，不要丧气，生活与工作都不可能是一帆风顺的，但只要坚持下去，必会成功。老话不是说吗，吃得落乱砖头，吐得出北寺塔。”在这个语境里，还包含了“积小成而立大功”的意思。

《姑苏报恩进香》选自苏州桃花坞木刻年画
北寺塔原名报恩寺塔，是苏州古城内最雄伟的佛塔

商量北寺塔

从拙政园里可以清楚地看到园林外的北寺塔

苏州方言中，有不少字发音相同，有时连苏州人自己也分不清，如“王、黄”、“吴、胡、何”，但，苏州人心知肚明。所以谈到姓氏时，总要说“三划王”、“草头黄”，“口天吴”、“古月胡”、“人可何”，以示区别。

有一则故事讲到北寺塔。据说一位北方人来到苏州，问老苏州：“这是什么塔啊？”老苏州自然用苏州话答道：“（这是）北寺塔呀！”北方人听苏州话“北寺”，误听作“不是”，心中就嘀咕开了：“明明是塔，怎么又称‘不是塔’呢？”于是双方“是塔”“不是（北寺）塔”地争论开了，直争个面红耳赤。这则故事在苏州人中流传很广，其实很幽默，表面上是苏州人取笑北方人，实则是苏州人自嘲，苏州话“北寺”与北方言“不是”的音实在太近了。一边说“是塔”，一边说“北寺塔”。“不是塔怎么又说是塔？”“北寺塔就是北寺塔！”正因为“是塔”还是“不是（北寺）塔”的故事，慢慢地衍生出“商量北寺塔”的苏州闲话来。

商量北寺塔，是什么意思呢？说穿了，就是在讨论、商量某件事，“是”还是“不是”。但商量北寺塔与通常意义上

的讨论、商量，又有些微区别。它侧重于讨论，却总是没有结果，没有行动。例句："你看，又在商量北寺塔。算了吧，商量来，商量去，什么时候结束啊？"或："整天商量北寺塔，却不见有行动。"

一般情况下，如果两人经常在一起聊天或悄悄谈着什么，旁人也会说他们"商量北寺塔"。在这种情况下，倒不一定是指称两人在研究些什么，商量些什么，但苏州人幽默，故意将两人聊天形容得好像在一本正经地商量些什么。

在苏州人嘴里，"商量北寺塔"又常与"兜转六城门"连起来讲。不过，"兜转六城门"则另有说法了。

中街路格鬼，拣软格欺

苏州话“格”就是“的”，所以本语通常写作“中街路的鬼，拣软的欺”。苏州中街路，是一条十分古老的街道，它位于城内西北部，南与养育巷相接，北出东中市，原名清嘉坊，取晋代陆机（字士衡）《吴趋行》“山泽多藏育，土风清且嘉”诗意名之。《平江图》清嘉坊牌坊立于今中街路南口，《姑苏城图》中将南段（东百花巷西口以南到今景德路段）标作清嘉坊，北段（东百花巷西口以北直至东中市）标作中街路。新中国成立后，统称中街路。

中街路北通东中市、西中市，早在元末明初，古城中心商市（今乐桥附近）因战火衰落，城周边商市由此兴起。因大运河流经苏州，水道汇

位于城内西北部苏州中街路，是一条十分古老的街道

合古阊门、胥门外，致使阊胥一带形成南来北往的交通枢纽。明清时，这里货物集散，人流骤增，阊门内由此形成西中市、东中市的商业街，取代了原市中心（即今乐桥附近）的东市、西市。东、西中市的路两旁商肆林立，中街路当然属于该繁华区，附近也都是高档住宅。咸丰十年（1860）六月，太平军攻占苏州时，沿阊门大街到崇真宫桥被烧成一片白地，这一带也毁于兵火。即使高宅大院，也多荒废无主，渐被贫民及无业游民作为栖身之地。繁华区冷落了，也因此常有地痞流氓在当地装神弄鬼，并于对方惊恐之时伺机作案。但老百姓都知道，这些“小混混”其实只会欺凌没有背景的老弱妇孺，对大户人家是不敢下手的。慢慢地就形成“中街路格（的）鬼，拣软格（的）欺”之语，意指那些坏蛋专拣老实无靠山的平民百姓下手。本语中的“鬼”字，苏州话中念作“举”，念起来，它与后半句中的“欺”字就顺口（押韵）了。若用北方方言念，鬼念作“轨”，与“欺”不押韵，就太拗口。

例句：“老王晓得我呒不靠山，独吃我，真是‘中街路格鬼，拣软格欺’！”

北方相应的话为“专拣软柿子吃”。相似的苏州话又叫作“柿子拣软格吃，人拣软格欺”。

四摆渡

旧时，苏州城墙内外都有护城河围绕，分称内城河、外城河。其中外城河特别宽阔，始终未废。人们除了通过城门（城门口河上有桥）进出外，其他地方进出，就只能乘船摆渡。苏州城西北著名的桃花坞地区，介于城西的阊门和城北的平门之间，沿西北古城墙（基）外侧，外城河的东岸，有一条长达百余米的街道，称北码头。北码头南接阊门原北童梓门（今西中市西端），北至平四路（惠济桥南堍）。之所以称它为北码头，就是因为旧时在该路北，有水码头。西侧的称北码头，东侧的称太子码头，北段相合又接第四个、第五个渡口，称四摆渡、五摆渡（20世纪50年代初五摆渡并入四摆渡，五摆渡地名取消）。

北码头位于繁华的阊门地区，明清时，外来官商船只到苏州，多泊于此，人员与货物，多在此上岸。北码头几个渡口中，四摆渡地处桃花坞地区西北角。于此摆渡，是桃花坞与城外西北（今广济路地区）最为便捷处，特别是城北建沪宁铁路苏州车站后，城西北阊门地区内外进出人员多取道于此。河的两边都有渡口，与北码头“四摆渡”相对的广

《万人码头》 摄于民国初年
旧时苏州城墙内外都有护城河，人们除了通过城门进出外，其他地方进出，就只能乘船摆渡

济路前管弄堂南口“四摆渡”附近有著名的苏州精神病医院。它原为美国传教士惠更生1923年创建的更生医院，1951年更名为苏南康复医院，1958年更名为苏州精神病医院，现名广济医院。医院专门收治精神病患者。旧时周围比较荒凉，唯此医院最为显眼。正因为如此，“四摆渡”就越加出名。

苏州人称精神病患者为“神经病”，喻人“脑子有毛病”、“痴呆”、“痴子”、“疯子”。为此，苏州人十分忌讳“神经病”三字。但苏州人雅儒，骂人不带脏字，于是，就称“疯子”，或“脑子有毛病”、“拎勿清”的那些人是“四摆渡来的”。

例句一：“小王用一个月工资去买了个‘假古董’，我看俚是‘四摆渡’来格。”

例句二：“人家在帮俚，俚反而说人家是害俚，所以大家疑心俚刚从‘四摆渡’出来。”

二门口听铳

本语一作“二门浪听铳”。二，苏州话念作“尼”。浪，为名词后缀，相当于普通话中的“上”，如“心浪”即“心上”，“头浪”即“头上”。

“二门口听铳”指的是听来的传言，是走样的，不可靠，不可信，北方话叫作“不靠谱”。评话《英烈传·胡大海手托千斤闸》（表）：“花文郎听说，胡大海手托千斤闸，弄得肚肠、脚筋都断脱，想是二门浪听铳，弄错格。”

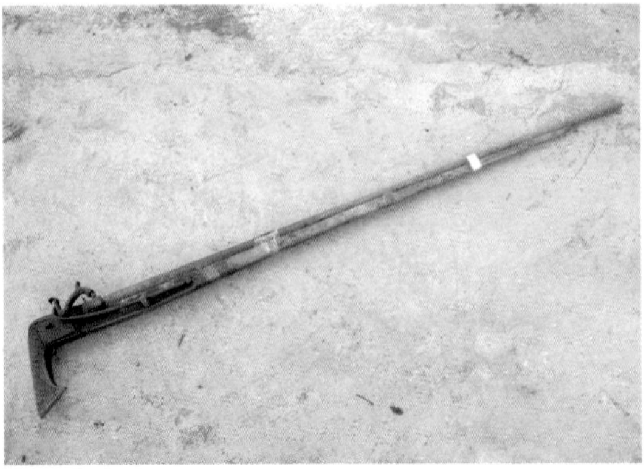

旧时苏州“小康”人家的房子格局，起码有一进、二进。客厅在前，内宅在后。客厅是会客的地方，客厅后往往装有木屏风，边上有门，直通里间。这个木屏风边上的门就叫作“二门”（相对于大门而言）。女眷住在里间，一般不会出来见客，特别是未婚的女儿（小姐），是不轻易抛头露面的。所以，如果某人家女儿十分本分，苏州人就说她“大门不出，二门不迈”。但如果女眷们关心家事（特别是待字闺中的小姐关心自己的终身大事），关心来客，怎么办呢？也有办法，让贴身丫头出来，躲在“二门口”偷听，偷听后再向里面传递消息。由于女眷们听到的都是“二手货”，甚至是隔了几层的消息，而且在传递的消息中多少混有了传递者的主观因素，往往消息走了样。因此，“二门口”听到的消息，常常是不可靠、不靠谱的。

铳，旧时指火枪、土枪。听铳，即听到火枪开枪的声音。火枪声音一定是很响的，却是偷偷地去听取的，放在这里，有些讽刺的意思。据郑凤鸣先生说，这个“铳”字大约应是“聪”字。此话有道理，聪与铳，苏州话同音。聪者，听觉灵敏也，偷听者如果听觉不灵敏的话，隔了一层木屏风，还能听到些什么？因此，早先“二门口”应当是“听聪”。后来取其谐音为“听铳”，反讽意义极大。而且，铳音响亮，听到的人很多，意指传言的人多，非常幽默。

例句：“啥格，火车不通哉？我刚刚从火车站来，还看见火车开过。俆格消息恐怕是‘二门口听铳’来格。”

民国时的土铳

铳，旧时指火枪、土枪

《清明上河图》局部 清·仇英绘

船到桥头自然直

苏州是水乡地区，旧时河道密集，水上交通发达。对苏州人而言，乘船用船是家常便饭，买卖粮食、柴火、蔬菜、水产品，很多就在船上或水码头边进行的。特别是买卖稻柴、木柴和水产品，一直到20世纪60年代中叶，苏州城里还是如此。旧时，苏州人的日常生活离不开船只，有关水上行船的经验、谚语也就较多，其中有一条就叫“船到桥头自然直”。

船到桥头自然直，又作“船到桥头自会直”、“船到桥头直瞄瞄”或“船到港门自然直”（港门即港口）。河多，桥就多，港口也多，船在河道中行驶，时不时就遇到交叉的河道或横跨河上的桥梁，船要前进，或要转弯，须从桥下穿过。如果河道弯曲，行船时，船头与桥洞或港口不在一直线上，按理说，船头若一直前行，就会撞上岸滩或桥桩（柱）。但船是行在水面上，随着河道的弯曲，船手驾船，也必会顺着弯曲的水面行驶。这样，当船只行到港口或桥头时，船头自然就直穿桥洞或港口，绝不会搁浅或撞上桥桩的。一船乘客并不注意船手驾驭船橹、舵或桨的动作，只觉得船很自然地顺着河道进港口或穿过桥洞，久而久之，便以为是到了此刻，“自然会直”。与“车到山前必有路”意思有点相近。近年来，这两句话往往连用。

苏州人用这句话比喻什么呢？

在实际生活中，当预料到后面会有事情发生时，一般情况下，人们都会积极地有所准备。但如果知道后面有事会发生，但却无法预知会发生什么事时，人们就会顺其自然，就像“船到桥头自然直”一样。例句：“也不知前面还有什么难事，反正我不怕，船到桥头自然直，到时再说。”含有“走一步算一步”的被动观点。

当然，有时也用来表现积极的乐观心态，有点“天下本无事，庸者自扰之”的意味。例句：“怕什么，船到桥头自然直！”

2012年9月8日《姑苏晚报》“外语天地”版头条，发表了一篇文章，题目就叫《船到桥头自然直》。说是英语也有类似的语句“Cross that bridge when one comes to it”，字面意思是到了桥边再过桥，反映的是随遇而安的心态。口语的另外一种说法是“Wing it”，即“到时候再说”，有“随机应变”的含义，换句话说，就是“船到桥头自然直”。苏州闲话居然在英语中找到“翻版”，真是太有意思了。

倷格耳朵勒浪陆稿荐

陆润庠轧神仙识得吕纯阳的传说，给本来就喜欢“一窝蜂”的苏州人，增加了“轧神仙”的猎奇色彩。不久，又有“陆稿荐传奇”为轧神仙“火上烧油”。

陆稿荐是苏州一家最有名气、卤菜做得最有特色的熟肉店的“招牌”。其实，最早的这家熟肉店并没有牌号，店址在东中市崇贞宫桥南堍，而桥的北堍就是下塘街，介于神仙庙和陆润庠故居之间（神仙庙在西，陆氏故居在东）。店主名陆蓉塘，妻子名弥姐，靠祖传手艺烧制和出售酱肉为生。夫妇俩生性善良，勤俭持家，但生意一直清淡，勉强糊口而已。

某年的四月初，有个衣衫褴褛的跛足乞丐，背一条破稿荐（谷类植物的茎，称作稿；草织的垫席，称作荐。稿荐，一称草荐，指用谷类植物的茎干编织成的草席，如稻草垫等），手捧两只叠在一起的破陶钵，来到店门口。陆氏夫妇见其病容满面，不仅予以救治，还留下他供他食宿。十几天后，乞丐身体恢复。临别时，他指着地上的破稿荐说：“感谢你们的恩惠，我要走了，无以为报，只有这破稿荐一条送给你们吧。”

破稿荐有什么用呢？但陆氏夫妇还是笑着答应了。乞丐离开后，夫妇俩发觉那稿荐虽破，但隐隐有股香味，非常奇怪。在烧肉时，就抽了一根草茎，权作调味，丢入锅中。谁知草茎入锅，与肉汤相煎，奇香扑鼻，弥漫开来，连附近中市街、下塘街一带，也都能闻到阵阵奇特的肉香。煮出来的熟肉，不仅香味诱人，口感更比以往的好，熟肉生意一下子好了起来。后来有人根据那乞丐的两只陶钵总是相叠、睡觉时总把两只陶钵口对口放在头下当枕头、腰里扎一根破草绳（谐纯字）、一双鞋的后跟已烊脱（指磨损掉，烊又谐阳字）等情况，详出这乞丐就是吕纯阳（一说是来参加吕仙生日宴会的铁拐李，因为他跛足）。这样一传十，十传百，陆氏的熟肉生意就更加红火。

于是，陆氏夫妇索性将熟肉店立了“陆稿荐”牌号，并把乞丐感恩留草荐等大肆渲染，从此陆稿荐熟肉店愈加兴旺发达。以陆稿荐为名号的熟肉店，在民国时期，最多几近二十家，其中最著名的有大房陆稿荐（今观前街东首的陆稿荐熟肉店）和早先从崇真宫桥南堍迁移到今西中市皋桥西堍的老陆稿荐。这两家的苏式卤菜，不单在苏州，在江浙沪一带，至今都十分有名呢。

陆稿荐的熟肉种类多，其中又以酱汁肉、酱鸭、猪舌（又称门枪）、猪耳等熟肉最为著名。有意思的是，苏州俗语中有一句叫作“倷格耳朵在陆稿荐”（耳，念作“尼”），意思就是说“你不听话——用来听话的耳

陸稿薦
康熙二年創
甲子年重建
戊申年書

朵是猪耳朵”。而“猪耳朵”是苏州人用来骂人“不听话”的，就像用“猪脑子”用来骂人“脑子笨”（脑袋瓜不灵活）一样。有时，小孩不听话，或者“前讲后忘记”（大人讲的话，小孩一转身就忘记了），大人就会责问：“倷格耳朵呢？”或者就干脆骂：“倷啊是猪耳朵啊！”而“倷格耳朵勒浪（在）陆稿荐”就更婉转，有些幽默，所以通常也可在大人（朋友）之间用，骂意更轻一些，揶揄的味道更浓一些。类似的还有一句“倷格耳朵勒浪粪桶攀浪”。以前农村挑粪用的粪桶，左右两边都有“攀”——用来勾住“粪桶夹”，扁担两头则穿在粪桶夹上，担子才可挑在肩上。一只粪桶有两个攀，高于桶口，就像桶的“耳朵”一样，但它只用来勾粪桶夹，没有其他功能。所以，骂人“耳朵像个粪桶攀”，就是比喻人的耳朵没有听话功能（不听话），只是摆摆炮（做个样子）。骂意比“倷格耳朵勒浪（在）陆稿荐”更重些，带有强烈的侮辱性，所以也更粗俗。

贰

讲物事

——旧物事中藏着老人言

戳着米囤凭啥会饿煞？七石缸为何是门里大？蒲鞋里长出的苏苏暗示着什么？一句句用旧了的用具，旧时的日脚，总结出富有哲理的语言，把苏州人幽默的心怀表露。

戤米囤饿煞

米库、米窠，苏州农家称米囤，常用稻草编扎而成，置于室内，多为圆柱体，样子有点像旧时人家厨房内用于闷焐食品用的“焐窠”（窝窠），不过体量大了不少，通常直径在八十厘米至一百五十厘米，高约一百厘米至二百厘米。农家将新收的稻谷碾轧成米后，放于其中，一只稍大的米囤可储放全家半年口粮的稻米。戤者，靠也，但据训诂学家王乘六先生生前考证，它有个专用字写作“𨈓”，象征身子靠在容器边上或身上背着容器，与“戤牌头”的“戤”还是有些许差别的。米囤里放的是轧去谷皮的大米，可直接煮成米饭，身子靠着装有大米的米囤却活活饿死，有点不可思议。这意思与北方方言“拿着金碗讨饭”相近，意思是说，明明有着条件，却不知利用和享受，“很懒，很蠢，很小气”。

苏州人经常将该语放在嘴边。家里有菜肴，却用萝卜干佐餐；家里有很多干净纸张、包袱，却节省得用一张又破又脏的废纸包东西；家里明明很富裕，却抠得“一分钱掰成两爿用”，都会被讥讽为“戤米囤饿煞”。

有时，也用它来形容某人不知变通（甚至是非常呆板），明明有处事或谋生的手段、技艺、门道，却不会利用，不思改变，从而使生活陷于窘境。

七石缸门里大

七石缸，是指旧时一种可装纳七石米的缸。缸，陶器。石，旧时容量单位。一石米的重量为一百二十斤（见《辞海》）。七石缸能装下八百多斤的大米缸，容量不可谓不大。但一般人家却不用它来装米（江南湿气重，陶缸又不透气，缸内大米容易闷坏——发霉、发黄、生虫。一般人家装米，农家多米囤、米库。米囤等用竹篾或稻草编成，透气，市民可临时上集市买。家中通常用小米缸，甚至用小木桶盛米），而是用来贮水，以防火患。一些手工业或食品作坊如酒坊、酱坊，以及制蜜饯或制皮革、造纸的作坊，常用它作为装酒、酱菜、蜜饯果、兽皮、纸浆的容器。江南常见的“老虎灶”，也用它来装水，农家不仅用它来装水，也用来装其他物品（如家禽饲料）或肥料。“七石缸”只是统称，极言其大，绝没有“以装多少水”作为其大小标准的，因为水的容量单位称作“担”，如一担水，二担水。只有粮食等非液体容量单位才称作“石”，如一石米，二石米，苏州人是不会搞错的。

七石缸是陶制容器中的巨无霸，平底广口，高约一米，口径约一米五六。因为它大，放在任何地方都很吸引眼球。吴方言中关于七石缸的俗语较多，如“七石缸里撩芝麻”（有大海捞针的意思），“七石缸里打拳——松江（缸）”等，《稀奇歌》中还有“七石缸落在碗盏里”一语，大

右图：《苏州少女》 摄于1920年左右

左图：七石缸作为陶器中的巨无霸，放在家里显得十分庞大，但搬出门却未必是最大

如七石缸却落进酒杯大的小碗中，当然太“稀奇”了。古典小说《金瓶梅》中也有“充饥吃了三斗米饭，点心吃了七石缸酒”之句。反正，以七石缸比作极大的容器是没有疑义的。

作为陶器中的巨无霸，放在门里（即门内，指家中），因为有门、屋子等参照物，当然显得十分庞大，但搬出门放在场地上就显得不大了。因此，“七石缸门里大”（大读作“杜”）常被用来形容一些人在家里称老大，作威作福，狠天狠地，一出家门就没用，没威势，“屃”了。就像七石缸一样，放在屋里固然硕大无比，但在外面，就不显得大了。因为七石缸虽大，放在屋外，与广阔的天地相比，它算得了什么呢？这与通常讲的“在家第一，出门第七”有异曲同工之妙。只是“七石缸门里大”有点贬义，“在家第一，出门第七”，不一定有贬义，已是比喻“天外有天，山外有山”了。

天呒不箬帽大

用箬竹篾和箬竹叶编成的帽子，称箬笠，苏州人称作箬帽，径围比一般草帽（用麦秆编就）大，它既可用于遮阳，又可用于防雨。苏州地处长江下游，平时雨水多，夏天又日光灼热，箬帽也就用得较为普遍。天呒不箬帽大，是说天还没有箬帽那样大。天，即指我们头顶上面的高空。自古以来，人们总是认为天最大，天最重要，如果在一个人眼中，天还没有箬帽大，岂不是太狂妄无知了么？

因此，“天呒不箬帽大”，常用来比喻一些丧心病狂的人，他狂妄无知，不仅目中无人，而且目中无天了。“天呒不箬帽大”，一作“天亦呒不箬帽大”，即“天也没有箬帽大”。例句：“倷说格是老李吧？太狂了，在他眼中，天呒不箬帽大！”

然而，“天呒不箬帽大”，有时也用来比喻年轻人经历世事少，经验不足，略带一些揶揄味道，也有些埋怨，这通常是家长对小孩的评价，但决没有责骂“狂妄无知”的意思。如例句：“我囡唔大学毕业才两年，一直顺风顺水，有了点成绩，就以为天呒不箬帽大，现在让俚一个人主管这样大的风景区，我真有点担心。”这句话中，是家长对自己女儿担任新职的担忧，只是比喻自己女儿资历低、见识浅、经验少，难胜大任而已。讲自己女儿以为“天呒不箬帽大”，是善意的，丝毫没有斥责女儿“狂妄苏州地处长江下游，平时雨水多，夏天又日光灼热，箬帽也就用得较为普遍。图中靠在墙上的圆形物即为箬帽。

无知”的意思。

一句话的语言环境和讲话的背景往往是准确理解这句话的大前提，疏忽不得。

吭不棺材讨棺材睏

棺材，是旧时装殓死尸的器具，多为长方体。人死了，要放在棺材中，合上盖子，然后葬入土中。这风俗已非常久远，汉代《说文》中已讲"棺，关也，所以掩尸"。棺材多用木料制作，故又称棺木。在实行火葬之前，苏州有很多出售棺材的棺材店，或称寿材店、寿器店。旧时制作棺材有很多讲究，一般尽量用不易腐烂的木头制作，最好的用楠木制作，称楠木棺材。说话中，若提到某户死者用了楠木棺材，就等于暗示该家是大户富贵人家。

通常由八块木头拼成的棺材称八仙板，由十块木头拼成的叫十图板，由十多块薄木板拼成的则叫薄皮棺材。棺材外面通常还用生漆涂刷。但穷苦人家用薄皮棺材，也有不涂漆的，所以薄皮棺材，又讹称作"白皮棺材"。棺材一般都为长方体，有一定尺寸，制薄皮棺材的木料很薄。因此，同样尺寸的棺材，薄皮棺材里面的空间反而比厚木材做成的棺材大，即使尺寸小一些的薄皮棺材，里面的空间也显得较大。所以苏州有句谚语叫作"薄皮棺材——堂子大"，比喻表面看来很单薄，实际里面空间很大。如某人很瘦，但饭量大，有人就会开玩笑地说"薄皮棺材堂子大"，虽然有点不恭敬，但决无骂人的意思。

旧时，殷实人家主人年纪稍大，都会预先准备棺材，这种预先买好、做好、准备好的棺材称“寿材”。迷信说法是寿材准备好后，会延长主人的寿命，就像预先准备好死后穿葬的衣服称寿衣，预先准备好的葬地称寿穴一样，都是讨吉祥，决不是“触霉头”。苏州地近浙江，移居到苏州的浙江人（特别是绍兴人）很多，听到的绍兴话也多，绍兴人特殊的骂人（有时是戏称）的话“短棺材”（短寿命之意）也多为苏州知晓。迷信又有说做梦梦到棺材，是主人升官发财的征兆（因为棺与官、材与财谐音）。此外，已装入死者的棺木，称灵柩，通常要葬入土中“入土为安”。如果有其他种种原因，未安葬，旧时的一些慈善机构、同乡会、庙宇等，会腾出一定的空间，存放灵柩。通常这类地方相对少有人迹，显得阴暗、神秘，因而多会发生一些作奸犯科的案事或鬼怪传说。所有种种，都让棺材在苏州闲话、民间故事的传说中，有相当的“占比率”。

“呒不棺材讨棺材䀹”是一条著名的俗语。棺材是用来装（安放）死人的，换句话说，是死人“睡”的。“讨棺材䀹”就是原本没有棺材，却主动去讨个棺材睡，岂不是“找死”吗？因此，这是骂人的话，喻指对方无聊。“自讨苦吃”、“自讨麻烦”、“自讨无趣”，或者是“自己送上门去讨骂、讨打”，“自己撞到枪口上去——明知故犯，而且犯的是必定会受到惩罚的事”，但并不是骂人“自杀”。“找死”与“自杀”是有区别的。

这种行为在苏州方言中，还有一个字是比较特别的，叫作“作”。

“作”的基本意义是小孩子没来由地发脾气，或因一点小事而哭闹不休，大人就会责怪他“作天作地”。一个人，不管大人小孩，如果自寻烦恼，自讨苦吃，则会被称为“作死”。

记得粉碎四人帮，宣布结束“文革”的当口，人们一下子从紧张、压抑的社会氛围中摆脱出来，显得相当的轻松。但是最初的几年，其他娱乐活动尚少，自由自在的空闲时间多了，例如冬天时，苏州的老人们都爱去玄妙观大殿前石台上闲谈，闲话讲尽了，宁愿孵孵太阳而不愿散去；中年人呢？则一窝蜂地学气功；青年们则冒着严寒“冬泳”。经过十年沉闷、单调、压抑的社会一下子冒出如此新现象，确实让人感到新奇。却有人对其做善意的讽刺，说他们是等死、怕死、作死，即孵太阳的是等死，学气功的是怕死，而冬泳是作死。这里的“作死”不是指真的去自杀，完全是形容“自讨苦吃”的描绘手法，即北方方言的所谓“找死”。而“呒不棺材讨棺材睏”就是相当形象地比喻“找死”、“作死”的苏州话。

例句一：“人家都原谅倷了，不再提起那事，倷偏偏要提，真是呒不棺材讨棺材睏。”

例句二：“这种话是要惹大麻烦的，人家听都不敢听，倷倒好，大庭广众讲得活灵活现，真是呒不棺材讨棺材睏。”

附一：

钱泳《履园丛话》卷二十四《小棺材》：“苏州府城隍庙住持有袁守中者，所居月渚山房，因以自号。余尝借寓其斋，见案头有紫檀木小棺材一具，长三寸许，有一盖可阖可开。笑曰：‘君制此物何用耶？’袁曰：‘人生必有死，死则便入此中。吾怪世之人但知富贵功名利欲嗜好，忙碌一生而不知有死者，比比是也。故吾每有不如意事，辄取视之，可使一心顿释，万事皆空，即以当严师之训诫，座右之箴铭可耳。’余闻之悚然，守中其有道之士欤！”

附二：

三长两短

我国俗语中有“三长两短”（有些成语词典中也收入），指意外的灾祸、事故。原见《三遂平妖传》第五回：“万一此后再有三长两短，终不然靠着太医活命。”《醒世恒言》卷五：“倘有三长两短，你取出道袍穿了，竟自走回，那个扯得你住！”该俗语特指人的死亡，如《二十年目睹之怪现状》十六回：“将来我有个甚么三长两短，侄少爷又是独子，不便出继，只能请侄少爷照应我的后事，兼祧过来。”有人认为，三长两短也是吴方言或苏州闲话，因为它特指人的死亡，与丧葬用的棺材有很大关联。说一般棺材是用木板制成的长方体，其中左右两块和底下一块是长木板，即是“三长”，前后两块木板是短木板，即是“两短”，三长两短共五块木板拼起来成了棺材。棺材当然有盖，但它单放，棺材装进死人后才用木盖盖上，所以不计在内。这样，“三长两短”就成了死亡的代名词、暗示语，也显得委婉，不过分刺耳。

这种解释有一定道理，但未从语言角度本身阐述原因。实际上，苏州话中常将三与两或五联合组成四字语，表示一种短促，不永久，不长久。如：三番五次，表示多次，而不是一次性；三心两意，表示不专心，而不是一心一意；三日两头，也是表示次数多，不是长久的，都用于表示不怎么“爽”的语言环境中。如拜访求见，三番五次吃了“闭门羹”；做某事，不一以贯之，叫三心两意；待在家里，坐不住，总是借口外出，叫作三日两头出门。从这个意义上讲，三长两短，也表示了某人某事不顺利，有灾难。它固然很多时候特指死亡，但用来比喻意外似乎更确切些。如上文例举的《醒世恒言》文中，并非指死亡，而是指不测的灾难。而且，实际上，“三长两短”另有出处，也与苏州有关。春秋时期，传说吴国剑匠干将的老师——著名剑师欧冶子，铸有三长两短五把利剑（所谓“大刑三，小刑二”），即传说中的纯钧、湛卢、胜邪、鱼肠、巨阙五把名剑，锋利无比。一般人遭遇到这五把剑就有性命之忧，所以后世把各种危及人的生命风险称为三长两短。（详见《越绝书》）

肉里钿

苏州话称钱币为“铜钿”（铜钱），“洋钿”就是“洋钱”。上店铺买东西，问：“几铜钿？”就是问：“多少钱？”（多少，苏州话称作“几化”，简称“几”）“铜钱眼里千跟头”总说成“铜钿眼里千跟斗”。由此可知，“肉里钿”实际上就是“肉里钱”，是比喻来之不易的，或者说是辛苦挣来且为数不多的钱，这样的钱当然很不舍得花，乱用它会心疼的，就像割自己肉一样。自己“肉里钱”与外人的“钱”当然是不一样的。

旧时，“肉里钿”也指赌博或经营中投入的老本钱。《二刻拍案惊奇》第八卷：“到得赢骰过了，输骰齐到，不知不觉弄个罄净，却多是自家肉里钱。”《何典》第一回：“活鬼正与和尚坐在懒凳（即拦凳、长条凳）上说话，看见形容鬼走到，便向身边挖出肉里钱来，送与和尚做香仪。”

苏州人用这句俗语时，通常带有一些幽默，比喻花去的钱，在原来意义上是百分之百属他自己的，他完全可以自由地花在其他方面，现在多少有点被迫地花在这里了，多少有点不情愿，因而够他心疼。

例句：“平常老朱请客，发票才（全）可以报销，现在勿许公款宴请，大家还硬要老朱请客，哈哈，用俚‘肉里钿’，俚当然难过。”

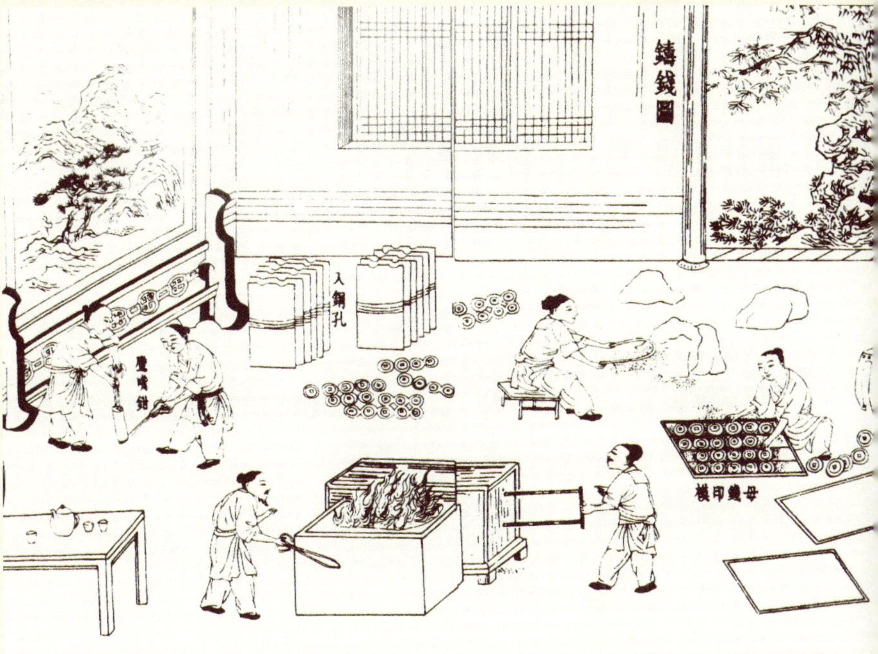

明版画《铸钱图》

苏州话称钱币为「铜钿」（铜钱），「洋钿」就是「洋钱」

——在特定的语言环境中，“肉里钿”又可比喻为个人极为隐秘的“私房钱”。

例句：“勿好哉，家主婆（妻子）替俚刷皮鞋，啥人晓得俚鞋底下园（藏）格（的）两张一百元，露出仔角，拨（被）家主婆‘充公’哉。老王真格（的）心痛，才（全）是俚格‘肉里钿’啊！”

蒲鞋出苏苏，一场呒结果

蒲鞋指用蒲草编织的鞋子，与草鞋（用稻草编织的）相比，显得更紧密结实些，而且有鞋帮（鞋帮用茅草编织），草鞋是没有鞋帮的，两者相比，蒲鞋要“高级”一些。因此，即使平常多穿草鞋的农民，若要上街进城也尽可能改穿蒲鞋，多少也显得庄重些。蒲鞋比较宽大，不分左右，

唐代蒲鞋

蒲鞋指用蒲草编织的鞋子，与草鞋相比，显得更紧密结实些，而且有鞋帮，两者相比，蒲鞋要『高级』一些

所以吴地旧时另有俗语“拾蒲鞋配对”，即指不论好坏，捡着就是，语出《何典》“序二”。但近几十年来，对蒲鞋、草鞋不甚区别，有时称草鞋也叫作蒲鞋。

蒲鞋出苏苏的“苏”即须。苏州话把“胡须”也念作“胡苏”。布、绳的毛边须头，也叫作“苏苏”（古代装饰在车马、帷帐甚至旗帜上的用五彩羽毛或丝线制成的下垂穗子，叫作“流苏”。流苏，即流须也，显然，古人也常将“须”视作“苏”）。但蒲鞋怎么会“出苏苏”呢？一般认为是指蒲鞋穿得久了，鞋上的蒲草和鞋帮上的茅草，经长期磨擦，有毛边，出须头了，与布、绳的毛边须头一样，像大人脸上长出的胡子。蒲鞋都穿得破旧了才出须须，意指所花时间长。实际上，“出苏苏”还有其他原因。原来，蒲鞋的鞋帮通常用茅草“帮衬”，一些茅草上带有草籽，草籽受湿后有的会发芽，蒲鞋上发芽，那真太像人脸上长胡子，活灵活现的“出苏苏”。但是，这些草籽发芽，绝对不会再长大结籽的，最终是“一场呒结果”（苏州话“一场”，不是指一次，一件或其中一部分，而是指全部，与“竹篮打水一场空”中的“一场”，是一个意思）。呒，即是无，一场呒结果就是“全部落空”的意思。也就是说去做事，即使做了很长时间，像穿的蒲鞋那样“出苏苏”了，也是不会有结果的。比喻事先所希望的、期望的、设想的，全部落空。

这句话也有人认为是歇后语。“蒲鞋出苏苏”，是前导，而“一场呒结果”才是关键。就像歇后语“白纸头包杨梅”是前导，“拨倷颜色看”才是关键一样。

全本《西厢记》

《西厢记》是元代杂剧作品，全名为《崔莺莺待月西厢记》，作者是大名鼎鼎的王实甫。内容是讲书生张珙与已故相国之女崔莺莺的爱情故事。作品人物形象鲜明，富于个性特色，且具有强烈的反封建思想倾向，是元杂剧中最为著名的作品。《西厢记》除了故事情节、人物形象、语言特色为人称道外，在剧本的编排上，也突破了元杂剧一本四折的固定程式，以五本二十一折的篇幅铺叙戏剧情节，更显得故事波澜起伏，曲折动人。正因为如此，全本《西厢记》强调的是“全本”，比起零敲碎打的折子戏或呆板的一本四折戏来，它是最全面、最详尽的。而且，由于时间、空间等条件的限制，通常人们演戏，演折子戏的多，看戏，也总是看折子戏的多，看全本的机会少。全本《西厢记》是苏州人用来比喻某个事件的全过程。如果某人自己认为对某桩事件的缘起、发展、经过，全部知晓得一清二楚，就会讲：“全本《西厢记》，我最清楚。”或者：“你们不要听他的，全本《西厢记》，只有我知。”

《西厢记》是描述男女爱情故事的，所以讲全本《西厢记》大多数指男女间事，含有几分暧昧或神秘的语气。但因为又是“全本”，所以又含有对事件的来龙去脉都知道的几分得意劲儿。

为什么不称全本《牡丹亭》、全本《长生殿》或全本《桃花扇》呢？

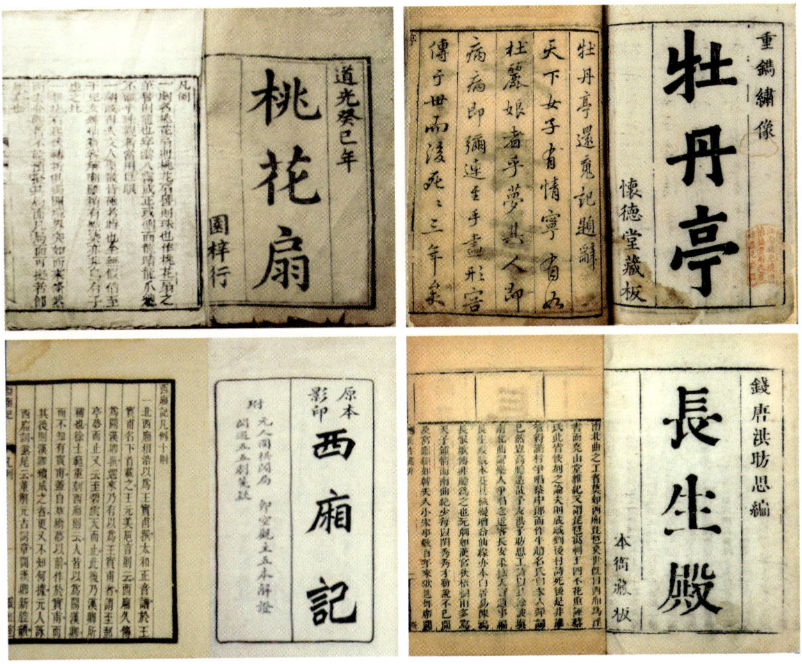

旧版《牡丹亭》、《长生殿》、《桃花扇》、《西厢记》书影

这三个剧本不是也很出名吗？原来《牡丹亭》创作于明代，《长生殿》与《桃花扇》都创作于清代，无论从“资历”来讲，还是对我国戏曲艺术的贡献来讲，与《西厢记》相比，都略逊一筹。而且，最主要的是，《西厢记》讲男女故事，既曲折，又隐晦，不像《牡丹亭》谈到鬼神，《长生殿》纯为帝王生活，《桃花扇》重点在政治，《西厢记》反而是最平民、最让人感到真实的故事，因而也就最“吸引人眼球”。

我曾听人把全本《西厢记》说成“全本西洋镜”，显然是将《西厢记》误为“西洋镜”了，错归错，也挺有意思的。因为早先当“西洋镜”传来中国时，它也挺“神秘”的，可是全本的“本”却失去了意义，“西洋镜”与“本”是毫无关联的。然而如果把事件内幕全部揭露的话，苏州人又可用上另一句话了，这就是“拆穿西洋镜”。

明代刻本彩色套印本《西厢记》，现藏德国科隆东亚艺术博物馆

《西厢记》是元代杂剧作品，全名为《崔莺莺待月西厢记》，作者是大名鼎鼎的王实甫。内容是讲书生张珙与已故相国之女崔莺莺的爱情故事

第十三

第十八

叁

讲动物

——苏州人的小寓言

苏州人讲寓言，想想真不少。花狸猫，总想往外跑；煨灶猫，继续在卖萌。癞头鼋哪里去了，羊妈妈不再干跟斗。看那猢狲戴着帽子，出把戏，牛吃蟹。苏州话中藏着苏州人的智慧。

白脚花狸猫，吃仔往外跑

本语又写作“白脚花狸猫，独想往外跑”。在苏州话中，“吃仔”是“吃了后”，独想，只想。人们在听到这句话时，总是有人会笑问：为什么白脚的花狸猫，不“宅”在家中，总爱去外面活动呢？

原来，动物学家早就给出结论了，所谓花狸猫，是指皮毛底色为白色，上有浓浓黑色花纹的家猫，黑色花纹布满全身，与白毛相映，特别显眼，习称狸猫，由于色彩强烈，故又称花狸猫。而皮毛色彩强烈、“动感”十足的猫，多为正值青春期的雄性，它食量大，回来就吃主人家准备好的猫食，但吃后即外出“闹春”，这么几个来回忙着，就给人留下吃后就往外跑的印象。“白脚”，原应作“拔脚”，这也是一种动态性的描绘：“拔脚就跑”。花狸猫的黑色花纹主要分布在猫脸上和猫身上，猫腿上也有些，所谓一黑一白的“夹花”，猫脚太小，没有可供“夹花”的余地，因此通常没有黑色花纹。走动起来，白脚尤为显眼，白脚与“拔脚”谐音，慢慢地就讹为“白脚”了。以讹传讹，便以为只有“白脚”的花狸猫，吃了就往外跑呢。

早先，人们爱用此语形容一些食客，宴席上饱餐一顿，未及结束，就拔脚先行了。后来，又用来比喻孩子活泼顽皮，回来吃饭，吃饭后放下碗筷就跑到外面玩乐。再后来，也不单指食客和小孩了，而是广泛地用

《狸奴小影图》 宋·李迪绘，现藏台北『故宫博物院』 狸奴眼如线，毛洁趁莎茵。捕鼠功常著，迎猫礼夙循。祛邪博鹦鹉，纵贼岂麒麟。五德徒贻诮，毋存姑息仁。古人昵称猫为狸奴。

来指谓一些喜欢外出活动，不爱呆在家中的人。我市已故著名书法家瓦翁，早先家人曾给他买了一双白色旅游鞋，穿着很舒服，瓦翁很满意。瓦翁平时爱热闹，外面有什么活动，他都爱参加，一时显得“非常忙碌”，为此，特意为自己刻了一枚“白足”的闲章。我曾问以缘起，他指指脚上的鞋子：“我也是‘白脚花狸猫，独想往外跑’啊！”

煨灶猫

旧时家家都有烧饭、煮菜的灶头，以木柴、稻麦秸杆为燃料，放在灶膛内，上放铁锅，锅即为烧饭烹菜用。一顿饭菜烧煮好，灶膛内即使没有明火，草木灰还能在较长时间里保温。煨灶猫指的就是躲在灶膛内取暖的猫。冬天躲在灶内取暖的猫总是懒洋洋的，蜷身缩颈。因此人们后来就把精神萎靡、无精打采、缩手缩脚的人，比喻作“煨灶猫”。

猫为何喜欢“煨灶”呢？

原来猫的祖先在非洲。据考，是古埃及人将当地野猫驯化成家猫。后来，家猫才传到中国（一说是通过波斯国——今伊朗，传入中国的）。家猫身上有热带动物的基因，来到气温远低于热带的中国，自是畏寒怕冷，一遇严冬，“煨灶”自是御寒良方。苏州一带本地出生的小猫有“早蚕猫”、“夏猫”的区别：健康的成年猫一年能生育两次。猫的怀孕期一般两个月左右，因孕期短，既能在春天产仔，也可在夏季产仔，生出来的小猫，分别称作“早蚕猫”和“夏猫”。早蚕猫比较容易成活，经过夏天、秋天，到了冬天，猫已发育成长好了（猫的成长期七八个月，相当于人十来岁年龄），能安全过冬。而夏猫到了秋冬季节，尚未长大，安全过冬就较困难，所以早先人家爱抱养“早蚕猫”，不太愿意抱养夏猫。因为夏猫更怕冷，更喜欢“煨灶”，猫身上总是一身草木灰，不小心还带出灰烬，引起火灾。

旧时到有猫产仔的人家抱养小猫，一般不空手，按习俗都会带点东西。

带些什么呢？

北宋诗人黄庭坚《乞猫诗》中说“秋来鼠辈欺死猫，窥瓮翻盘搅夜眠。闻道狸奴将数子，买鱼穿柳聘衔蝉”（狸奴、衔蝉都是猫的别称）。黄庭坚家中的老猫秋天里死掉了，于是老鼠横行，“翻箱倒柜”，乱蹿乱咬，搅得主人彻夜难眠。听说朋友家母猫养了几只小猫，决定抱养一只，于是上街买了条鱼，用柳枝穿着，到猫主人家“乞猫”，即用鱼去换猫，鱼算是“聘礼”吧。

苏州一带，旧时抱养猫，带去的“聘礼”往往是一包糖（早先通常是半斤或一斤红糖，20世纪50年代开始，逐渐以糖果代替），也算是对猫主人和母猫的一种回报。

抱养小猫，带去的“聘礼”为什么是糖而不是盐呢？（早先抱养小狗，“聘礼”就是盐）这是很有趣的民俗。

一说因为糖原产于热带（猫也确实喜欢吃糖），还有一说，是因为猫儿为宠物，对主人喜欢柔媚发嗲，就像给人吃糖那样——唐代奸相李义府，口蜜腹剑，人称“人猫”，也有点这样的含义。而狗，通常以忠于主人闻名，忠与贤是连在一起的，合称忠贤，贤与盐谐音，故送盐换狗。

与“猫”有关的苏州闲话，还有一句，叫作“死猫活食”。死猫怎能活食呢？无非是说，懒洋洋的猫“死样怪气”，但吃起食来，还是很厉害的——这其实是比喻表面看来毫无活力、主见的人，讲的话还是有意思，有分量，很到位。近乎北方方言“阴阳怪气”。但“阴阳怪气”是贬义词，“死猫活食”更多地形容讲话风趣、幽默，甚至也有些尖刻，“一针见血”，反而“褒”的意思多一点。

瞎猫拖死老虫

《瓜鼠图》 明·朱瞻基绘，现藏北京故宫博物院
老鼠在苏州话中被称作老虫

老鼠在苏州话中被称作“老虫”，瞎猫是指眼睛瞎了的猫，全句是说，眼睛瞎了的猫逮住了一只死的老鼠。活老鼠，瞎猫捉不到，但猫的嗅觉灵敏，逮只死老鼠，或有可能。但在这句话中，死老虫的“死”，并非重点，而是“瞎猫”是主角。强调的是瞎猫，居然让它得手了。

苏州人用此来比喻某些人运气好，原来以为他无法做到的事，无法达到的目的，居然硬是被他做到，被他逢到、得到了。言下之意，不承认他能力强，本事大，而是他运气好，碰巧成功。例如，某人手脚并不敏捷，也不勤快，不会修车子，但这次车子抛锚了，被他鼓捣了几下，车子竟又能开动。熟识他的人，就会笑他是“瞎猫拖死老虫”。有时，也可用来表示自谦，例如：某桩事别人都未做好，偏偏被他弄成功了，大家都赞扬他本领大，他就会谦虚地应道“哪里，哪里，这次不过是‘瞎猫拖死老虫’罢了”，或“我其实是没有什么本领，碰巧被我做好了”。这里的“瞎猫”表示谦虚，但也有点自嘲的意思。

这句话中，最生动的是个“拖”字。猫抓住老鼠后，特别是遇到体量较大的老鼠，都是用嘴叼着拖走的，“拖”字有用力、使力的意思在，也极为形象。其实，我们在荧屏上也经常看到，猫科动物捕捉到体量较

大的老鼠，常常是叼着拖走的。但“拖”在本语中，又有“瞎拖、乱拖”之义，也即毫无目的、“撞”着就是的意思。因为是瞎猫，看不到，盲目地拖着什么是什么。

右图：《老鼠世界》选自烟画

左图：《逼鼠蚕猫》选自苏州桃花坞木刻年画

① 老鼠世界

老鼠世界 ②

④ 老鼠世界

老鼠世界 ⑤

老鼠世界 ⑦

老鼠世界 ⑧
氷
淇淋

⑩ 老鼠世界

老鼠世界 ⑪

会捉老虫猫勿叫

这句话，实际上只讲了一半，全句应是：“会捉老虫猫勿叫，会得看门狗弗跳。”但苏州人习惯只讲上半句。老虫，即老鼠，古代民间口语，老虎称作大虫，长蛇称作长虫，老鼠称老虫，吴语相当程度上保存了古语，此为一例。“会捉老虫猫勿叫”，是苏州语中最常用的，比喻有本事的人，做事往往不动声色。也可用于指某人有心机、有城府。弹词《玉蜻蜓·三娘受屈》二娘娘（白）：“三房里看看老实头，实在末‘会捉老虫猫勿叫’，暗底下主仆通奸干出格种勿要面孔格事体来。”

以前家中养猫，多为捉老鼠，免鼠害。而养狗，也多为看门，不排除视为宠物的因素，但与如今纯粹把其看作宠物饲养毕竟还是有相当大的区别。因此，在日常接触中，人们总结出了经验，会捉老鼠的猫，在鼠洞口守候时，总是轻轻的，而认真看门的狗，匍匐在地上，也不轻易乱跳乱叫。所以人们用它来比喻能办事的人，做事不喜欢张扬，不喜欢外露。

苏州人在运用这句话时，除了强调“猫勿叫”外，还突出了“会捉”，带有几分幽默感。因此，当一个人事先不声扬而把某桩大事做掉了，通常人们不会用此语来比喻，因为与“会捉”不十分贴切。当某桩事，许多人在争先恐后想去做而被另外一位不为大家所知晓、所注意的人做好了，而且做得巧妙，这才有人会用这句话来比喻。比如，某单位几个打扮入时的“帅哥”都在轧朋友、搞对象，“轰轰烈烈”的，偏有一个不声不响，看上去尚未恋爱的男生忽然宣布要结婚了，此时才会有人用此语来比喻。言下之意，颇有将他同其他几个帅哥相比较的意思。意思是说，那几个公开追女孩的，“本事”不及他，他不声不响却抓住了对象。在这句话中，并没有视女孩为老鼠，仅仅是比喻“他”能干而已。所以这句话除了几分暗喻“他”是一匹“黑马”外，所指的事，喻为“暗底里所做的”。如果大家公开赛跑，一个起初跑在后面或外形瘦小、大家不看好的运动员最后得了冠军，人们至多赞其为“黑马”，但不会称他是“会捉老虫猫勿叫”。也因此，本语一般用于褒义，但偶尔也可用于贬义。比如某部门有个人常小偷小摸，部门里凡有事，大家都首先怀疑他，殊不知另外一个大家认为挺老实挺规矩的，竟是个藏得好好的大贪污犯。当他被揪出来时，大家都感到意外。此时，也会有人用“会捉老虫猫勿叫”来比喻，比喻用于这里，就不是称赞他有本事，而是鞭挞他平常隐藏得深而已。

“会捉老虫猫勿叫”，还有句反义词，这就是“爱叫的母鸡不下蛋”，当然，此是另话，扯远了。

蜻蜓吃尾巴——自吃自

“小荷才露尖尖角，早有蜻蜓立上头。”蜻蜓（苏州人念“蜻”作“新”），是水乡最常见的昆虫之一，它的种类（包括蜻蜓和玉娘两大类）在全世界已知的竟达四千五百多种，我国也有三百多种。之所以说它是水乡最常见的昆虫，还因为它体型较大（大的体长达一百五十毫米，小的约二十毫米），飞行能力强，又都是食肉性动物，捕食其他昆虫，这些都非常引人注目。

苏州地区常见的蜻蜓有三种：一种很大，长在一百毫米以上，全身绿色，有黑条纹，俗称绿蜻蜓，小孩子爱称为“老牌蜻蜓”。一种较小，全身红褐色，俗称红蜻蜓，长也达六十毫米左右。另一种更小一些，也要有四十多毫米，全身蓝黑色，俗称黑蜻蜓。这三种蜻蜓除“身材”有长短外，其他体态都几乎一样，头部转动灵活，因是复眼，显得眼睛特大，占了头部体积一半，腹部细长，呈圆筒形，有两对长而窄的膜质翅膀，像飞机一样（实际上，从仿生学看，某种意义上飞机就是模仿蜻蜓的）。蜻蜓在飞行时凌空捕食其他飞虫（如蚊蚋、苍蝇等），对人类而言，它是益虫。江南夏季秋季黄昏时或雷雨前，如果天气格外闷热（北方方言所谓“桑那天”，苏州称“恶湿天”），会经常发现低空有蜻蜓群飞，蔚成奇观，实际上是其他昆虫因气压低、湿度大，飞不高，蜻蜓趁机觅食。

《豆花蜻蜓图》宋·佚名

蜻蜓有两个特点最为显眼。一个特点是雌虫在近水面上空飞行时，会一次又一次地把尾巴插入水中产卵，产下一些卵，立即又飞起来，连续不断地插入水中，又即飞起，就好像它在不断地用尾巴点水。这就是成语“蜻蜓点水”的由来。另一个特点，是蜻蜓的腹部是一节一节的，能够弯曲。特别是在雌雄交配时，雌虫爬在雄虫身上，更会将尾部自上向下弯下来贴在雄虫中腹部第二节上，人们看来就好像它把尾巴弯到自己嘴下，在咬自己的尾巴。“蜻蜓在吃自己的尾巴”，可不是自吃自吗？尾巴的尾，苏州话念作“尼”，尾巴就念作“尼巴”。就像“一、二、三、四”中的“二”，苏州话也念作“尼”。

“蜻蜓吃尾巴——自吃自”，是个误认的自然现象，但此语很早就形成。现在作为歇后语，通常泛指人们自己花自己的钱，多数情况下指花自己的钱买东西吃。

例句一：“老板在饭店里请我们吃了一顿，奖金却不发了。实际上，我们是蜻蜓吃尾巴——自吃自。”

例句二：“老王请客吃饭？我不去了，还是回家蜻蜓吃尾巴——自吃自吧。”

三脚癞团

苏州人称蛤蟆（蟾蜍、癞蛤蟆）为癞团。蛤蟆长得胖团团的，但身上很不光滑，全是小颗粒突起，就像生癞的皮肤，又是乌黪黪的，与青蛙（苏州人称田鸡）表面光滑、有翠绿花纹实在不一样，所以称癞团，非常形象。《何典》第一回："到得阴沟口头，只见经岸旁边，蹲着一只喷气癞团，抬头望着一群天鹅，正在那里想吃天鹅肉。"有意思的是，对它们（蟾蜍、青蛙、蝾螈等两栖动物）的幼体蝌蚪——即生活在水中的、椭圆形、黑色、像小鱼、有鳃和尾毛的生物，苏州人都称之为蛤蟆（蛤念上声，蟆念作"么"）。蛤蟆是四条腿的，但民间却多关于三条腿的蛤蟆（苏州人称三脚癞团）的传说。这就是《刘海戏金蟾》的故事。

刘海与金蟾（三足蟾）故事的原型是辽代刘海蟾成仙传说，原传说宣扬看破红尘的虚无思想。但是发展到《戏金蟾》、《钓金蟾》故事时，已掺入追求长命富贵的意识。明清时期，苏州的商品经济非常发达，《戏金蟾》故事更受到市民的欢迎。蓬头跣足、嘻笑不羁的刘海是逢凶化吉、兴旺发达的象征，而金钱和金蟾，则又是财富的象征——苏州旧时玉器业公所（因供奉周宣王，故设在阊门周王庙内）的镇庙之宝也是碧玉雕成的三足蟾蜍，甚至连苏州阊门外西园“罗汉堂”五百罗汉塑像中的第四十六尊罗汉（婆阇提婆尊者）身上也赫然爬着一只三足蟾蜍！而刘海以金钱戏钓三足金蟾，并用作坐骑的故事，也越传越神。

有意思的是，在清代康熙初年，苏州又产生了新的戏金蟾故事。那时，阊门地段（明清时，苏州阊门地区最为富庶，《红楼梦》中所谓“一二等富贵风流之地”）有个富户姓贝。一天有个自称阿保的男子，上门自荐为仆。阿保言行多有神奇之处，例如他替主人洗器皿，能把瓮、甏等陶器内壁翻到外面来洗，他还能将木炭洗成白色。这时正逢元宵节，阿保抱小主人上街看灯，突然失踪。三更后，又抱小主人归来，并说：“今年天下花灯数福建省城的最壮丽，刚才我抱公子去看了一会。”说毕，还让小主人从怀中掏出十数颗闽产鲜荔枝来。几个月后，阿保从贝家井里打水，捉得三足蟾蜍一只，高兴地对人说：“它逃走已整整一年，今天终于被我逮住了。”说毕，骑在已变大的蟾蜍身上，冉冉升天而去。于是人们都知道贝家的阿保就是仙人刘海（孟籁甫《丰暇笔谈》）。

到乾隆末年，苏州阊门外东园（即今留园）为刘恕所有，刘有石癖，爱置假山怪石于园中，也许他也是姓刘的缘故吧，便把一块外形极像戏曲绘画中刘海形象的太湖石，安置在园中土石假山山顶“可亭”之前。为了附会《刘海戏金蟾》的故事，便在山道上到处铺设外圆内方的钱币图案（用卵石、砖瓦碎片镶拼）；又命工匠在山下小道上用鹅卵石及杂色碎陶片、碎瓷片拼组成三足蟾蜍。在蟾蜍嘴前，还有系上三枚钱币的绳索图像。用意是很明显的：园主是借此比喻刘海戏金蟾故事，以祈富贵。

古代视蟾蜍与蛙为同类，20世纪20年代，在甘肃马家窑出土的彩陶器已有三足蛙图案，距今约七千年。古人还有以三足石蛙作陪葬品的，说明古人都把它看作呈祥辟邪之物。民间故事《嫦娥奔月》中也有三足蟾蜍。三足蟾蜍之所以被认为是财富的象征，源于远古人对蛙的崇拜。因为蛙类繁殖方式独特（水草间产下卵子，不断演化为拖着长尾巴游动

《刘海戏蟾图》 明·刘俊绘

刘海与金蟾故事的原型是辽代刘海蟾成仙传说，原传说宣扬看破红尘的虚无思想。但是发展到《戏金蟾》、《钓金蟾》故事时，已掺入追求长命富贵的意识

的蝌蚪），繁殖过程形态多变（开始一点，继而生出尾巴，随之长有四脚，最后脱尾而成蛙），它们的繁殖能力又极旺盛，多子多孙，生命力也很强。水陆两栖，阴阳双具，又专吃虫子，对初入农耕阶段的先民来说尤为重要。它能减轻虫害，使五谷丰登，是庄稼的保护神——先民把蛙类视为吉祥、瑞气，能除五毒（五种毒虫）的灵物，加以崇拜极为自然。至于“三足”，是因为突出不同于一般四足的蟾蜍，以示其仙。

自然界偶尔也有三足蟾蜍，1988年4月2日《扬子晚报》头版，就报道过江苏宿迁市支口乡的一位农民捕到一只体重十五公斤的巨蟾，三条腿，大嘴绿眼。1990年9月12日《解放日报》第三版，又刊发了新华社长春9月11日电讯，说长春第一汽车制造厂区内一片草丛里，发现了许多三条腿的小蛤蟆。身长都约三厘米，两只前腿与正常蛤蟆一样，但后腿却只有一条，在应该生第四条腿的部位无创口，表皮如全身一样光滑，有的蛤蟆一只后腿长在右边，有的长在左边。记者们还捉了几只养在瓶子里，一直正常活着。

当然，三足蟾蜍不是很多，否则也不会被视作神奇了。

古典小说《金瓶梅》第八十七回《王婆子贪财忘祸　武都头杀嫂祭兄》中就写道：“这周忠就恼了，分付李安把银子包了。说道：‘三脚蟾便没处寻，两脚老婆愁寻不出来？！这老淫妇连人也不识，您说那张二官府怎的？’……”

物以稀为贵，古代的一些器物如砚台、盛水器等，多见做成三足蟾蜍状，除了表示求富求吉祥的意义外，正因为其状态为自然界所少见的缘故。

直到现代，许多地方还将一些摆设品雕制成三足蟾蜍样，以满足人们的求富心理。例如1990年5月19日《新民晚

报》就刊登了一位旅美作者的文章，文章中说，作者在美国曾看到一家华文报纸刊登推销“三脚赚钱大蟾王”的摆设品。说三脚蟾蜍是中国最灵的财神爷，蟾蜍的发音与台语招财之音相同，意思是发了。据说尽管每只蟾蜍摆设品售价高达一百八十八美元，购买的人还很多呢！

既然《刘海戏金蟾》故事是富贵发达的象征，那么，当时贝家购得狮子林后，当然不会漠视故事中“富户贝家”的事实。贝家也确实十分富有，居然又觅得形状与三足蟾蜍相像的湖石，便把它放置在立雪堂的庭院中，铺地也多作金钱状。民间还传说，贝家这么做除了示富外，还澄清了一个事实，即《刘海戏金蟾》故事原本就发生在贝家，所以金蟾在贝家，留园没有金蟾，只能用铺地图案来冒充。金蟾为什么就是富贵的象征呢？原来传说中的金蟾最爱躲在有钱人家，它白天到处衔金钱，晚上回来，就把金钱吐出来，放在藏身处。哪一家财产多，金钱多，它就去哪一家。拥有金蟾的人家当然就会越来越富贵了。据说贝家还用刘海戏金蟾图案作为贝氏的标志呢，这就是为什么狮子林门前的砷石（抱鼓石）上也雕有刘海戏金蟾图案的缘故。

最令人奇怪的是，三脚癞团，苏州人有时又称它“三脚萝卜干”（萝读作“老”）。笔者曾向年届耄耋的老苏州请教，他都讲不出个所以然，或许是因为蛤蟆浑圆浑圆，与酱菜店里腌萝卜头十分相似的缘故吧。腌萝卜头，表面也不光滑，表面深黄泛黑，三足蛤蟆比起它来多了三条腿。故云。

例句一：“地摊上，各种铜制的神奇动物多的是，有辟邪，有麒麟，都像铜狮子，只有《刘海戏金蟾》故事中的‘三脚癞团’很怪，它为啥都做成嘴里衔一枚铜钱呢？”

例句二：“这只三脚癞团是玉石雕的，好可爱，生意人把它作为招财进宝的吉祥物，我买来放在书桌上，看看玩的，因为分量重，还可以作镇纸。”

癞头鼋

癞头鼋，又称“癞团鼋”。提起鼋，多数人就会联想起鳖（甲鱼），认为鼋无非是比普通的鳖大许多而已，显然，这是一种误解。但是，《说文》中就说鼋是“大鳖也”，《尔雅翼》中也说“鼋，鳖之大者”，可见误解由来已久。

其实，鼋与鳖，从动物分类上看，虽是同科，但不同属，也不同种。《中国保护动物》一书对鼋与鳖的区别，做过非常详尽的介绍，大致为：从外形看，两者最显著的区别是在头部，鳖的吻突尖长，而鼋的吻突较短。鳖体形小，常见的重一千克左右，至多不过三千克至四千克而已，而鼋一般体重五十千克，最大的鼋体重可超过一百千克，体长可达五十至八十厘米。此外，鼋的头部常有疣状突起，因此，俗称“癞头鼋”，这是鳖所不具有的。

鼋在古代中国分布极广，而且数量极多，所以古人形容水属总是“鼋鼍鱼鳖”并称，如《列子》中就多处提到“鼋鼍鱼鳖”。鼍，即是鳄鱼。史称周穆王东征至九江，由于东南一带江河密布，行军不便，周穆王便让部下大量捕杀鼋与鳄来填河架桥，这就是有名的“鼋鼍为梁”的故事。

鼋肉可供口腹，而且味道鲜美，西汉《易林》中就说“鼋羹芬香”，可见当时鼋已是美食家心目中的宝贝了。《左传》里曾记载过一则关于吃鼋的故事。故事说，有人献给郑国国君郑灵公一只大鼋，正逢公子宋和子家将要晋见，公子宋突然发现自己的食指在抖动，便对子家讲："以往食指摇动，就会尝到新奇的美味。"言下之意，这下又有美食吃了。等到进去后，果然发现厨子正准备把鼋切块，两人见了，不禁相视而笑。郑灵公知道原委后，在将鼋肉汤赐给各大臣吃的时候，故意不分给公子宋吃。公子宋很不满，就把手指伸到鼎里沾了沾鼋汤吸吮之。郑灵公发怒，要杀公子宋。公子宋与子家先下手为强，在当年夏季，发动兵变，杀了郑灵公。

这一则历史事件非常出名，冯梦龙在《东周列国志》五十二回"公子宋尝鼋构逆"中做了很生动的描绘，而"食指大动"、"染指"两词竟已成了汉语典故。

在著名小说《西游记》里，也有鼋的故事。《西游记》第四十九回、九十九回，讲唐僧师徒在观音菩萨帮助下，平了通天河的妖怪，准备渡河，忽有一只"粉盖癞头鼋"因感谢唐僧师徒驱除妖怪，主动驮师徒过河，"蹬开四足，踏水面如行平地"，不消一日，行过了八百里通天河界。临别时，求唐僧问佛祖，它在河中整整修行了一千三百余年，虽然延寿身轻，会说人语，只是难脱本壳，几时能得脱去本壳，修得人身？唐僧师徒取得经书返回东土时，又是鼋驮背过河。渡河时，鼋知道唐僧师徒未替它问佛祖，就将身一晃，唿喇地淬下水去，"把他四众连马并经，通皆落水"。

这里还特别要讲一讲"顶缸"的故事。明代开国皇帝朱元璋建都南京，南京紧靠长江边，江中多鼍（即"扬子鳄"），穿堤为穴，江堤多有溃塌。有关部门将此事奏明朱元璋，因民间称扬子鳄为"猪婆龙"，猪与朱同音，所以在上奏时，为避讳，故意将鼍改称为"鼋"。谁知朱元璋见是"鼋"导致江堤溃塌了，不禁动了大怒——原来"鼋"与才倒台的元朝的"元"同音，于是下令剿灭鼋。鼋是大型水生动物，隐于水底，很难捕捉，于是设饵钓捕。但鼋一旦上钩，四足陷于江底泥沙中挣扎，单靠人力无法钓起。有人就想出办法，将陶缸打穿缸底，穿进绳索，顺索而下，压在鼋顶，鼋头上受压，忍不住伸出四爪抓挠，四足既已离开水底泥沙，失去凭持，钓者就很容易把它钩上来了。一时群相效法，长江中的鼋竟被捕杀殆尽。江堤原是扬子鳄破坏的，却让鼋受过遭杀，而鼋之所以能被捕捉，是头顶压缸的缘故，所以后人将“顶缸”两字比喻代人受过。如《红楼梦》第六十一回就有这样的句子：“你竟是个平白无辜的人了，拿你来顶缸的。”

由于鼋尖吻利齿，体大力足，给人以凶狠的印象。明清时，杭州布政司署大门外百狮池中就蓄有大鼋，原因为何？原来，有歹徒夜间钻入池中，通过地下水道进入藩署内金库偷盗银两。人们发觉后，便在池中蓄养多只大鼋，以吓唬贼偷。果然，从此以后，再也没有歹徒敢钻入池中冒险了。《红楼梦》第二十三回中，写贾宝玉发誓说“要有人欺负你，明儿我掉在池子里，叫个癞头鼋吃下去”，可以想见，鼋是如何地凶狠了。

长期以来，人们大肆捕杀鼋，用于口腹。加上生态环境恶化，自然界的鼋已濒于灭绝之地。苏州原来有许多放生池，都养着鼋，“文革”前，苏州动物园鱼池中，仍有多头鼋，如今都已绝迹。但是西园池中在20世纪90年代还有鼋，据1994年《姑苏晚报》、《扬子晚报》报道，苏州西园池中鼋身长均在一米左右，年龄已达三百余岁了。据西园寺安上法师当时介绍，这几只大鼋，除盛夏仍偶尔浮出水面以外，平常已不肯露面，它们对一般食物也不感兴趣。

关于癞头鼋，还可以多说几句。据苏州地方志记载，1936年秋，太湖东山席家湖渔民在太湖用滚钩捕鱼，曾捕到一只鼋，大家认为是奇事，围观人很多，把它养于“七石缸”中，有一醉汉伸手戏鼋，被咬伤。后来，此鼋被当时东山警察所巡官拿去，就不知下落了。20世纪60年代，在围垦东山大包圩时，也曾挖到一副鼋骨，可惜未予保存。

笔者在“文革”时下放吴县斜塘务农。斜塘西南有一湖泊，名“独墅湖”，湖面原来很广阔。20世纪70年代初围湖造田，人们筑坝抽水。时值深冬，某夜，湖里污泥中竟爬出一只大鼋，爬过土坝，缓缓逃入坝岸另边的水域即“金鸡湖”中。当时，有几个老农值夜，见大鼋足有八仙桌桌面那样大，昂头伸足，不禁心慌胆怯，没有敢追赶。第二年，夏夜，有人到稻田里捉黄鳝，曾在堤边见到大鼋在乘凉，急忙唤人一同捕捉，而大鼋已窜入接通金鸡湖（在斜塘西端，苏州市区东面）的大河中。从此以后，斜塘一带也再也不见鼋的踪影了。

鼋虽然已趋灭绝，但是在苏州话中，“癞头鼋”还常常会被人提起，因为它还活生生地留在一代人的记忆中。

例句一：“苏州西园寺池塘内现在啊有‘癞头鼋’了？”

例句二：“太湖里原来有巨鼋，称太湖鼋，动物学中特称‘斑鼋’，现太湖里找不到了，可能已经灭绝。”

附录：郑凤鸣先生《去西园看癞团鼋》，原载于2010年9月30日《苏州日报》，现录全文于下：

小时候跟大人去西园玩，西花园和放生池最吸引我们小孩子的眼球，因为其中有五色鲤鱼和癞团鼋。大人说五色鲤鱼和癞团鼋都是佛教徒放生的。我们更喜欢在春天去西园玩，那时埋身池底淤泥中冬眠的癞团鼋开始苏醒，浮出水面，缓慢地昂首泅游，尔后便匍匐在池中的石岛边，鳖体半淹在浅水中，长时间保持静止的姿势，酷似小岛边的一块岩石。大人说人可以站在那块背上，就象唐僧师徒从西天取经回来时那样，听了感到很神秘。《清嘉录·桐桥倚棹录》有一首《西园观神鼋》诗，记录了“大鼋”在西园寺放生池中自由自在生活的情景：“九曲红桥花影浮，西园池内碧如油。劝郎且莫投香饵，好看神鼋自在游。”

癞团鼋学名斑鳖、斯氏鳖，因头部有黄色斑点分布，学

斑鳖，俗名癞头鼋。生活在西园寺放生池里的雄性斑鳖方方，在历经400多年风雨沧桑之后于2007年寿终正寝

名“斑鼋”。斑鼋是世上最珍稀的巨型鳖类动物之一，被称作“水中大熊猫”。目前全世界只有四头，其中苏州戒幢律寺西花园一头，苏州动物园一头，长沙动物园一头，越南还剑湖一头。

大如圆桌的活体斑鳖，一向是西园寺的镇寺之宝，原先有两头。它们的寿命有两种说法：一种说法是明末就被放生在这里了，至今已三千多岁。二是苏州博物馆有清探花潘祖荫的日记，记载了它们是潘祖荫于光绪九年（1883）放生在这里的，到今年已经一百三十一年。笔者比较认同后一种说法：一是因为据资料介绍，斑鳖的寿命最长为二百多岁。二是潘祖荫生于1830年，卒于1890年。潘祖荫放生斑鼋的时间在1877年前后，也就是潘祖荫年龄在四十七岁左右，是比较可信的。

2007年，戒幢律寺西花园一头名为“方方”的斑鳖寿终，留下的一头斑鳖名为“圆圆”，雄性。

保护斑鳖的最好办法是让它们繁衍生息。2007年1月，长沙动物园有一头八十岁的雌性斑鳖，年龄只相当于人类的二十多岁，还能连续产卵，显示了旺盛的生育能力。2009年5月6日早上，承担着物种延续重任的长沙斑鳖“姑娘”，在经过一千一百公里的长途奔波后终于平安抵达苏州动物园。

雌鳖来苏之后，与年龄在一百三十多岁（只相当于人类三十多岁）的“圆圆”交配，产下了受精卵。遗憾的是一直没有斑鳖宝宝出世，人们继续期待着……

青肚皮猢狲

青肚皮猢狲（猢狲，现在多写作猢狲。苏州通常还是称猢狲，猢，念作活），通常是比喻小孩或年轻人顽皮好动，记性特别差，难以教养，是责骂人的话，显得粗俗。但如同骂小孩为“小鬼头”、“小赤佬”一样，有的时候只是“话搭头”（“话搭头”意为主要的话语已讲完，加上的后缀），多少有几分溺爱的口吻，不是痛骂，所以也可用来自责。弹词《西厢记·佳期》（表）：“张生等到皓月当空，却不见小姐到来。心想，我勿怨天勿怨地，只怨自己青肚皮，我被欺受骗亦勿是第一次。”弹词《白虎岭·教师》：“忘恩负义不要脸皮，你只瘟猢狲，臭猢狲，草莽猢狲，油煎猢狲，青肚皮猢狲，千年勿死老猢狲。”

猢狲，即猴子。猴子种类较多，在我国最常见的是猕猴，又称“恒河猴”。猕猴面部裸露（肉色无毛），眉骨高，眼窝深，听觉、视觉发达，行动敏捷，善于攀缘跳跃。因形态、表现都极像小孩，本身又聪明，面部又富有表情，很能引起人们的关注。特别在民间，旧时多有艺人以耍猴卖艺为生，苏州称猴戏为“猢狲出把戏”。猕猴身上毛色较深，棕黑色，但是小猕猴的肚皮上，看上去猴毛稀少，肚皮上的青筋还没有完全消退，显得肚皮是青色的。所以苏州人就称这类没完全成熟的小猢狲为“青肚皮猢狲”。猴子本质上是好动的动物，小猴子驯化时，也顽皮不安分，所以，很难做得到主人的要求，常常事倍功半，给人“不听话”、“记性差”的印象。引申出来，苏州人就将那些教来教去学不会的、没记性的、顽皮的、难以训练、记性差、易健忘的甚至特别笨的人（多指小孩），称为“青肚皮猢狲”，有时干脆就简称为“青肚皮”。

但骂人家“猢狲”毕竟不雅，这几乎像骂对方“不是人”，所以有时担心太刺激对方，令对方下不了台，就幽默地说：“青菜吃得太多了。”婉转地示意：你青菜吃得太多，所以肚皮发青。肚皮发青，暗示的就是“青肚皮猢狲”。

猢狲常被苏州人用来骂人，因为猴子好动，所以责备不能久坐者，就会骂“他是猢狲屁股”或“他是属猢狲的”（另有歇后语：猢狲屁股——坐勿定），猴子的臀部为红色，因此有时讽刺脸上胭脂涂得太多，就说成“猢狲屁股”。猴子还有个特点，能自己捉身上虱子吃（一说是汗液蒸发后留结的小颗盐粒），经常坐着坦腹，双手在腹部稀毛中扒剔，一会儿在这里扒扒，一会儿在那里抓抓，就好像在扒剔腹内肚肠，所以某个人如果一会儿干这，一会儿干那，总是忙手忙脚，却无头绪，会被人笑骂作“猢狲扒肚肠”。当然，之所以有这句话，可能受《西游记》孙悟空《破腹理肠》故事影响。《西游记》第四十六回《外道弄强欺正法　心猿显圣灭诸邪》中说孙悟空与车迟国的虎、鹿、羊三位“国师”斗法，鹿妖与孙赌“剖腹剜心”，孙悟空沉着应付，最后战胜鹿妖。书中描写孙悟空腹部剖开后，“双手爬开肚腹，拿出肠脏来，一条条理彀多时，依然安在里面。照旧盘曲，捻着肚皮，吹口仙气，叫‘长’，依然长合”。这一段正是“猢狲扒肚肠”的描写。

青肚皮猢狲、猢狲扒肚肠等语都是比喻比较生动的

《猴戏图》宋·易元吉绘（款），手卷
猴子是好动的动物，小猴子驯化时，顽皮不安分，所以主人的驱使，猴子多半很难做得到，给人『不听话』『记性差』的印象

俗语，通常是用来对人的善意的批评，还带些幽默。但上面所引弹词的《白虎岭》中的“千年勿死老猢狲”则是纯粹的骂人咒人的话，就没有丝毫善意与幽默了。

例句一：“倷啊，真是青肚皮。昨日告诉倷勿要讲，倷今朝才（全）讲出来哉！”

例句二：“昨日仔俚来，拿仔一张一百元格（的）假钞票，倷兑（找）拨俚哉。今朝又来哉，倷又兑拨俚。上勿完格当，倷啊是青菜吃得忒多哉？”

猢狲戴帽子，像煞有介事

苏州人称猴子为猢狲，猢念作“活”，因是冷僻字，现在通常写作猢狲。其实猢念作胡，不念活，不是苏州话了。

在民间猴戏《猢狲出把戏》中，多有猴子穿了衣服（通常是官服），戴了帽子（通常是官帽），做一些人的动作（如骑车、牵狗什么的）。猴子毕竟是猴子，扮人多少有点滑稽可笑，所以苏州人看了就会说“猢狲戴帽子，像煞有介事”。这俗语类似成语“楚猴沐冠”，原出《史记·项羽本纪》：“人言楚人沐猴而冠耳，果然。”是人骂项羽像只戴着帽子的猕猴，徒有虚名。此语常被用来讽刺投靠恶势力，窃据权位的人，或用来讥讽“人一阔，就变脸”。“像煞有介事”，即“煞有介事”，好像有那么回事的意思。《九尾狐》第三十五回：“全本（全部）是江湖诀，架子末蛮大，一副像煞有介事格面孔。别人告诉俚病情，但俚搭理才勿搭理。”

其实，“猢狲戴帽子”这话，在《吴下谚联》卷一中有所记载，是一则寓言故事，题为《猢狲戴面袋》（与“狮子滚绣球”合为一联）。

故事是这样说的，猴子，属兽类中有灵的，差不多具有人形，混入人群中，自以为与人可称同类。众人叱道：“你披了一身毛，不是人。”猴子惭愧而退。第二天，见有了穿了毛皮衣、戴了皮帽子而来的人，猴子睁眼定睛看了一会儿，说：“这个人不是也有毛吗？”于是挨身在兽毛皮衣人

《蜂猴图》清·沈铨绘，现藏故宫博物院

身旁。谁知穿毛皮衣的也叱道:“你没有帽子,不是人!”于是猴子又惭愧而退,痛恨自己没有帽子。正好走过磨坊,看见装面粉的纸袋,有点像顶帽子,便把纸袋张开戴在头上,粗看跟那个穿毛皮衣戴了皮帽子的人也差不多了,便大摇大摆地走路,好像自己真的是人了。

例句一:“倷看,靠仔丈人牌头,刚刚做个副科长,眼睛就朝天看哉,讲闲话语气亦变哉。真是猢狲戴帽子,像煞有介事。”

例句二:“啊唷,买彩票中奖有钞票哉,买仔汽车,又买房子,不过看见老朋友,闲话也勿讲哉,点个头,就钻进车子。唉,猢狲戴帽子,像煞有介事。”

牛吃蟹

“牛吃蟹”，乃苏州人的口头禅。

牛是反刍动物，一般来说，以草料为食，不吃荤食，更不要说吃满身甲胄的螃蟹了。然而，江南水乡多蟹，草中偶尔混有蟹类，被牛误食，也不是不可能的。苏州人常用这样貌似荒唐的实例比喻日常生活中的某些现象：当常规下不会有的现象奇迹般地出现时，有人称之为“牛吃蟹”；当不能胜任某项工作而又只得硬着头皮去干时，当事人也常用“牛吃蟹”聊以自嘲；更多的情况是，因某事成功而获得大家称赞时，当事人会谦虚地说“牛吃蟹，牛吃蟹”，言下之意，自然不无自豪，意思是：我尽了力，所以才侥幸成功。

有意思的是，苏州狮子林里，就有牛吃蟹的假山图像。在狮子林立雪堂西面天井里，当游客从走廊踏太湖石阶下来时，就会发现这个面积广大的庭院并不同于一般。地面除几块特殊的假山石外，全用卵石作相同的大小正方形铺地，每四块正方形之间有一个外圆内方的钱币图案，整个地面铺设的正方形及古币图案有规律地横竖成线，十分清晰。而几块露于地面的假山石，还各具形状。

石阶旁堆砌的太湖石是水牛的牛头形状，其前地面上凸起的则是螃蟹形状的太湖石，惟妙惟肖。匍伏在地面的螃蟹，双螯怒张，气势汹汹

地迎着伸过来的牛头。当苏州人看到这幅立体湖石图案，都会惊喜地指着喊："牛吃蟹，牛吃蟹。"

这个"牛吃蟹"图景的全称应当是"狮子静观'牛吃蟹'"。

原来，在"牛吃蟹"东南面十来米处，还有一座湖石砌成的大狮子。这是狮子林数不清的石狮子中最活灵活现的一只，它逡巡在石笋和乔木之间，置前方绣球（假山石与石周围书带草组成）于不顾，转过头来，瞪着双眼，死死盯住"牛吃蟹"，高翘尾巴，张大嘴巴，似乎在惊愕，在垂涎，在伺机反扑……整个景致，与我们通常讲的《鹬蚌相争　渔翁得利》故事有异曲同工之妙。

有趣的是，在这个庭院东北角高墙上方，还有泥塑的仙人，脚踩祥云，笑咪咪地俯视着庭院中的这一幕。显然，仙人也准备好了——不过，仙人是要在狮子坐收渔翁之利后，得意忘形时，才会偷袭下手。牛吃蟹，狮子回头，仙人俯视，这三段情节，与我们古代寓言中的《螳螂捕蝉　黄雀在后》何其相似！

"狮子静观牛吃蟹"设在立雪堂前的庭院里，绝不是一种偶然的巧合。立雪堂作为佛教的传经堂也好，作为儒家的书房也好，门前安置"狮子静观牛吃蟹"的哲理性的景致，当然是用以"闻道"的一种实验性作业，是"以寡治多"、"静存动察"的哲学思想在庭院建筑中的反映。

"牛吃蟹"一语至今仍活跃在吴方言中。

关于"牛吃蟹"还要补充一点。笔者多年前游览广西桂林，漓江中多见水牛埋头于水中觅食，一打听，竟是在捉蟹吃。原来漓江中多蟹，匍伏河底石罅水草间，水牛爱食。漓江蟹因味道鲜美，营养丰富，不仅水牛爱吃，民间也多用来作为食物（游船上就提供当地特产油氽蟹）。这样看来，牛吃蟹在一定的条件下，还是很正常的，就同大熊猫偶尔也很起劲地捕食竹林里的地鼠一样。当然，这种事例需要动物学家做进一步解释了。

《二羊图》元·赵孟頫绘，现藏美国弗利尔美术馆
「羊妈妈」就是「羊」。苏州小孩称羊，习惯称作「羊妈妈」

羊妈妈千跟斗——角别

这是吴语中的一句歇后语，需要分节解释几个苏州人“专用”词语，即羊妈妈、千跟斗、角别。

“羊妈妈”就是“羊”。苏州小孩称羊，习惯称作“羊妈妈”，如同鸭，称作“鸭连连”；鸡，称作“鸡咕咕”；猪称作“猪猡猡”。成年人也时常这样说。之所以这样称呼，可能与小孩模仿这些动物的叫声（谐音）有关，大人陪着小孩说话，孩儿腔说得多了，也就习惯成自然。

“跟斗”，一作“跟头”、“筋斗”、“觔斗”，但是“斗”字苏州人念作“多”，“跟斗”念作“跟多”，一是指身体向下弯曲而翻转的动作；二是身体因某种原因倒地（现在也有指其他事物，如飞机，或在高空的东西，翻滚着掉下）。第一种动作，苏州人往往把“千”字作为前缀，叫“千跟斗”，有主动去完成翻滚的含义。“千”又写作“扦”，不写作“牵”。苏州话“千”、“牵”不同音。第二种行为动作，含有被动的成分，苏州人称为“跌跟头”。

“角别”，又写作“各别”。苏州话形容某人、某事、某物，与常见的不一样，有些特别，就叫作“角别”。这里的别，就是另外一种、另类的意思。但别，又有别住、不顺畅的意思（如汉语“别扭”），羊头上有角，翻跟斗的话，羊角肯定要别住，不就是“角别”吗？

角别既然可解释为另外一种、另类的意思，就多少有些贬义，在人们传统眼光中，与常见的不一样，就有点“异类”，常会遭到“党同伐异”。但是，在家长介绍或诉说自己孩子“角别”时，千万不要以为是指责、批评，反而多少是带有一点溺爱或炫耀的意思，至少在很多时候，恰恰是为自己的孩子辩护，乃至“护短”。例句：“是啊，伲个小赤佬的脾气，是有点‘羊妈妈千跟斗——角别’。”如果一个女子向她亲近或心爱的人自称“角别”，则多少有点撒娇的味道：“嗳，我天生就是‘羊妈妈千跟斗——角别’！”当然，在通常情况下，一般人口语中，还是略带贬义，批评某人脾气怪，就会说：“他做事讲话总与大家不一样，的确是‘羊妈妈千跟斗——角别’。”

有时，还叫作“仙鹤千跟斗——别致（嘴）”。仙鹤的嘴很长，如果它要“千跟斗”的话，很容易被其嘴巴别住，所以叫别嘴。苏州话“嘴”与“致”音相近，别嘴音近别致，就借用了。当形容某人某事别致、新奇、不同于寻常，就可以用“仙鹤千跟斗——别致”这句歇后语了。就“别致”本身而言，没有贬义，相反的，它还有些褒义，这是与“角别”不同之处。

蚂蝗叮鹭鸶

这句老古话，起码也有好几百年历史了，意思是死叮住不放，常用来比喻人盯住人。元代杨显之的元曲《酷寒亭》第二折：“[圣药王]：俺只见儿又啼，女又啼，哭的俺是铁人石意也酸嘶。他待要来也随，去也随，恰便是蚂蝗叮了鹭鸶飞，寸步不教离。”苏州弹词《孟丽君·夫妻相会》（表）：“苏映雪现在是相国千金，格两个丫头一日到夜蚂蝗叮牢鹭鸶脚，算是要服侍小姐格。”

蚂蝗、鹭鸶都是苏州地区常见的动物。

这里的蚂蝗，指广布于水田和池塘中的水蚂蝗（水蛭），系环节动物，前后均有吸盘，前吸盘的中间是口，用于吸血。我国水田和池塘中分布最广的是一种名叫日本医蛭的蚂蝗，体长约五厘米。在蚂蝗多的地区，人如果赤脚下田，一分钟内就可被一二十条叮上。蚂蝗吸血时，颚在皮肤上切开一个“Y”形伤口，随即分泌一种扩张血管的类组织胺以及一种抗凝血的蛭素，使伤口血流不止，它一次吸血量可为其本身体重的五至十倍。蚂蝗叮住后，不轻易松口，给人以“死叮住不放”的感觉，比较可怕。鹭鸶，通常指白鹭（民间也将苍鹭归称鹭鸶），鹭鸶体形苗条纤瘦，颈和双腿都十分细长，同苍鹭一样。白鹭常伫立在河滩浅水处，耐心等待鱼类游近时捕食，所以有的地方把它与苍鹭一起称为“老等”。在繁殖期，鹭鸶头枕骨部长出两条长羽，背和上胸部披着长而疏松的雪白蓑羽丝，微风吹来，羽丝飘摇，因而有“鹭丝”的美称。春夏时，活动在海滨、湖沼、岸边和水田中。主要食物是鱼类、昆虫，偶尔也捕食青蛙、小蛇和甲壳动物，它主要分布在我国长江流域以南。古人对鹭鸶“窥鱼翘立”、“闲立春塘”、“水田飞鹭”有很多描写。鹭鸶常在水田里或水边闲立，被以吮血为生的蚂蝗叮住腿脚的机率当然不小，但鹭鸶脚很瘦，无肉，蚂蝗叮住了也很难吸到血，越吸不到血，蚂蝗就越不肯放，于是，农村就有了“蚂蝗叮了鹭鸶脚，甩掉就难”、“蚂蝗叮住鹭鸶脚，你起我也起，你落我也落”等。“蚂蝗叮鹭鸶”很早就成了常用的语汇，清代陈凤占《方言巧对》“十二文”中道：“星对月，雨对云，操武对考文。项圈对腰带，缎褂对罗裙。胀鼓鼓醉醺醺，吃素对打荤。软索套猛虎，灯草捆将军。蚂蝗缠住鹭鸶脚，乌鸦飞入凤凰群。”胡祖德《沪谚外编》“俗语对联”中也有“蚂蝗注了鹭鸶脚，无血不肯放；蜻蜓飞入蜘蛛网，有命总难逃”。重庆民歌也有“牡丹开花朵连朵，淤泥河里蚂蝗多。只等鹭鸶来洗澡，蚂蝗咬住鹭鸶脚——要得脱来不得脱”。

需要指出的是，苏州人常把“蚂蝗叮鹭鸶”误认为“蚂蝗叮螺蛳”，因为苏州话中“鹭鸶”与“螺蛳”同音，容易混淆。苏州人爱吃螺蛳，螺蛳中也有小蚂蝗寄生，买回螺蛳，要放在水里养一阵，有时还在水里滴上几滴菜油，让螺蛳吐出泥沙和其他杂质。往往就能见到有小蚂蝗被排吐出来，这巧合了蚂蝗叮螺蛳的印象，久而久之，这俗语又写作“蚂蝗叮螺蛳”了。

例句一：“小鬼丫头一天到夜跟着我，真是蚂蝗叮仔鹭鸶脚了。”

例句二：“倷格人倒也稀奇，我走到东，倷跟到东，我走到西，倷跟到西，恨不得我吃饭、上厕所、汹浴，倷全跟着，真像是蚂蝗叮螺蛳！”

鸭屎臭

把事情搞砸，或做了丢脸、不光彩的事，言行出格或声名狼藉，苏州人均称之为“鸭屎臭”。一作“鸭矢臭”。《九尾龟》第一百零四回：“耐（应写作“倷”，你的意思）自家勿要面孔！拉牢仔客人勿放，再要（还要的意思）说别人鸭屎臭！”弹词《孟丽君·比箭夺婚》（表）：“刘奎壁为了看楼上的小姐，第三枝箭勿知射到哪里去，弄得鸭屎臭了完结。”评话《包公·包拯击宫门》（表）：“戆胚李义对张龙说，格根打皇鞭，倷就送拨我吧，俚弄弄就要鸭屎臭。”

家禽、家畜的粪便总是臭的，为什么不说鸡屎臭、猫屎臭，独独说鸭屎臭呢？

首先，因为苏州是水城，旧时多见饲养鸭子，即使城内小街小巷，只要靠近池塘河边，多有养鸭子的，至于城河周围居民和郊外农民，养鸭子更是普遍。这里所说的鸭子都是水鸭，很少见旱鸭。

凡是饲养鸭子和见过养鸭的，都会发现，鸭子早晨从鸭舍、窠内放出，都会急急忙忙摇着尾巴向水边奔去，而且，往往来不及蹿到水里，就撒下一大堆非常稀薄的鸭屎——之所以强调“稀薄”，是因为同鸡屎、猫屎、狗屎等相比，鸭屎含水量很多。这可能与水鸭的生态环境、生长特点有关——它在水里寻觅食物，如小鱼、小虾、螺蛳等，总是张开嘴“呷”，然后和水吞服，吃进的水肯定比其他家禽、家畜多得多。鸭子是奔跑着拉屎的，速度快，拉的屎又稀薄，撒下的“面积”较大，所以臭屎四溅，臭气也显得特别的浓。这原理是显而易见的，一些有气味略显干涸的物质，若加了水“化开”，味道就显得浓一些，这是借助水分子弥散的缘故。鸭屎显得恶臭，当然不止这一个原因。它与鸭子吃的食物也有关，鸭喜欢吃水里的活物，如小鱼、小虾、螺蛳等所谓“荤”食，这些食品经消化后，残留的粪便，比“素菜”渣留下的粪便气味要恶臭得多。

有种说法，因为鸭子是在尾部发情交配的，因而将男女之间不光彩的有损体面的举动，比喻为“鸭屎臭”，这是根据鸭子利用尾巴交配而推断出来的。这理由很牵强，家禽、家畜多是靠尾巴发情乃至交配的，为什么独独以鸭比喻呢？

这里还要提一下“臭狗屎”。它用在语言中，与“鸭屎臭”不同，臭狗屎的狗屎指代某人。臭狗屎是比喻某人很丑恶，多指人物；而鸭屎臭，多是比喻某人做事或其行为之后果，因此多指某事件。

例句一：“倷拿事体拨俚做，我实在不放心，俚看看蛮精明，但弄弄就要鸭屎臭。”（弄弄，时不时的意思）

例句二：“听说小鬼拿仔交学费的铜钿去打游戏机了，那末真格鸭屎臭哉！”

《莲塘双禽图》 清・黄慎绘，现藏无锡博物馆

苏州是水城，旧时多见饲养鸭子，即使城内小街小巷，只要靠近池塘河边，多有养鸭子的，至于城河周围居民和郊外农民，养鸭子更是普遍。这里所说的鸭子都是水鸭，很少见旱鸭

《桃柳双鸭图》清·华嵒、许滨绘

肆

讲物产

——鱼米之乡才有的口头禅

江南遇到老乡，吃的胜似天堂。或是山珍海味，或是田产河鲜：热栗子，冷馒子；白纸头，包杨梅；炒螺蛳，吃黄鱼；腌笃鲜盖过佛跳墙。自豪地把苏州丰富的物产拿出来“晒”一番。

白纸头包杨梅

这是一句歇后语："白纸头包杨梅——拨倷颜色看。"苏州话"拨倷"即"给你"，"拨倷颜色看"即"给你颜色看"，有"给你脸色看看"，"给你点厉害（或味道）尝尝"，或"让你碰碰钉子"等意思。

杨梅，别名山杨梅，又称朱红（福建）、树梅（台湾），古代还称机子（《群芳谱》），是一种水果。杨梅树为亚热带树种，生长于温暖湿润、土地松软的肥沃之处。我国长江以南多栽植。作为水果，它比较特殊，为核果球形，外果皮由多数囊状体密生而成，多汁液，六七月成熟，一般呈紫红色，"丹实离离，斑斓可爱"。

苏州太湖东、西洞庭山，一向以盛产杨梅闻名。特别是洞庭西山，多山谷，十分适合喜暖喜阴的杨梅树成长，与盛产枇杷的洞庭东山一起，被誉为太湖两大特色水果的最著名产地，即所谓"东山枇杷，西山杨梅"。苏州人在每年五六月，总是先尝枇杷，紧接着就是吃杨梅。酸中带甜的杨梅，因其价廉物美，是初夏受人欢迎的时令水果。

苏州人称纸为纸头，称白色的纸或未用过的原色纸为白纸头。杨梅多汁，用白纸头包它，紫红色的汁液立刻就将纸浸湿染红了，白纸上的红色汁渍，自然十分醒目，所以有"白纸头包杨梅，拨倷颜色看"之说。例句："啊哟，平常对倷蛮客气，笑咪咪的，又是让坐，又是端茶，今朝不对

《庐橘杨梅扇面》丁辅之绘
苏州太湖东、西洞庭山，向以产杨梅闻名，与盛产枇杷的洞庭东山一起，被誉为太湖两大特色水果的最著名产地

了，面孔铁板，睬都不睬倷，正是‘白纸头包杨梅，拨倷颜色看’啰！”

需要指正的是，通常杨梅为红色、紫红色，但也有变种，果实为白色，比较少见，有人称“水晶杨梅”，苏州城西通安镇树山村就有此稀有品种。“物以稀为贵”，近年白杨梅的栽培受到重视，市场价格也较一般杨梅高，新上市时，甚至要高出一倍。“白纸头包杨梅，拨倷颜色看”中的杨梅显然指一般的红色、紫红色杨梅，与白杨梅无关。白杨梅的果汁，即使浸透纸头，也只是淡淡的湿痕，谈不上有明显的颜色了。

冷镬子里爆出热栗子

此语一作“冷灰里爆出热栗子”。栗子即板栗树的果实。板栗树初夏开花，果实秋天成熟，外有带刺的球状壳斗，很像小的刺猬。成熟时壳斗开裂，里面有两三枚坚果，就是我们所见的栗子。我国盛产栗子，河北房山附近栗子产量高，质量好，集散地在良乡（现属天津），素称“良乡栗子”。但苏州太湖东山、西山栗子也自有特色，特别是东山栗子，吃口香糯，而且栗子肉呈淡黄色，人称“东山蛋黄板

《糖炒栗子》选自烟画

栗”，优于全国其他栗子。每年九月下旬起，栗子大量上市，苏州大街小巷所见的除了本地东山栗子外，就是良乡栗子。

苏州人通常吃的是“桂花糖炒栗子”。旧时，将栗子放在铁锅内热炒（一般和沙共炒，不易炒焦），并投入地产桂花与糖，炒熟的栗子肉又香又甜，十分可口。苏州话称锅为镬子，旧时烧热镬子靠的是木柴（后又改为煤，现均用电热），薪尽灰冷，怎么还能爆出热栗子来呢？但有经验的师傅们知道，有时表面看来薪灰冷却了，灰里尚有余热，也或者有个别栗子在锅里灰里早已积蓄了足够热量，到了临界温度，暂时未炸裂，时间稍长，终于爆出。

此语通常用来比喻冷场中突起高潮，看似平淡无奇，忽然又掀起风波。此外，当众人对某一既成局面默认之时，突然在场有人高唱反调，从而引起巨大反响时，也常用此语比喻事出意外的境况。“热栗子”在本语中的意思，同普通话中的“黑马”一词，有些相当。

作为熟语，冷镬子里爆出热栗子，与“棉纱线扳倒石牌楼”、“螺蛳壳里做道场”一样，都是采取强烈的对比手法，形象地表达或比喻某种现象和场景。譬如，“棉纱线扳倒石牌楼”一语，苏州旧时多石牌坊或石牌楼，比起一般砖木建筑，它显得高大、牢固，用细细的一根棉纱线，如何能扳倒它？以此比喻不可能的事。但且慢，当石牌楼即将要倒塌那一刻，一根棉纱线扳倒它的力量，就像压倒骆驼的最后一根稻草，起到了“量变到质变”的关键作用。又如“螺蛳壳里做道场”，螺蛳壳一般大的空间，最大也就只几个立方厘米，而僧人道士做法事的地方（即“道场”），起码要容得下好几个人，在小小螺蛳壳里如何做得到？以此比喻在狭隘的空间做事情，或比喻环境拥挤。苏州地域小，人口和建筑密度大，空间的狭隘与收缩，越来越受到人们的关注与担忧，而螺蛳壳里做道场，既是对“关注与担忧”极为夸张、生动的比喻，也是对苏州人历来在相对狭小空间做出博大事业的能力与成就的赞美。

夹忙头里炒螺蛳

夹忙头里，意为紧要关头、关键时刻，却另有事出突然、出乎意外的事情要处理的意思。弹词《西厢记·借厢》（表）：“张生想，我恨勿得马上去看房子，老和尚夹忙头里要搭我攀谈，只能再同俚敷衍几句。”

螺蛳，是指江南淡水湖泊、池塘、江河中常见的软体动物，系腹足纲、田螺科、环棱螺属，肉味鲜美，是苏州人喜欢食用的水产，但外壳坚硬，烹制时先需在油锅内炒（一般在铁锅内炒），俗称炒螺蛳。炒螺蛳声响很大，很闹杂。

夹忙头里炒螺蛳是用来比喻已在正常做的某桩事，处在了紧要关头，突然被另一桩事打岔，使得本来就显得紧张的事情、事件越加忙乱。

夹忙头里炒螺蛳，又常被说成“夹忙炒螺蛳”。而“夹忙炒螺蛳”实际上是“蛤蚌炒螺蛳”的讹变。蛤，蛤蜊、蚬子之类。蚌，河蚌，三种不同类的东西放在一锅内炒烧，岂不是十分混乱？更有意思的是蚬子也好，河蚌也好，螺蛳也好，都有壳，大大小小、不同形状的壳，形象地比喻了这种乱七八糟、杂乱无章的情景。《何典》第六回：“一日，那醋八姐忽然想吃蛤蚌炒螺蛳来。买了些螺蛳蚌蚬，自己上灶，却教活死人烧火。活死人来到灶前，看时，尽是些落水稻柴，便道：‘这般稀秃湿的柴，哪里烧得着？’”正因为要的是“蛤蚌炒螺蛳”，即要乱七八糟的东西，所以

《何典》第七回写到菜端上来时："活死人看时，却是五簋一汤：一样是笋烧肉（喻竹板打屁股），一样是乌龟炒老虫（老虫即老鼠，此菜比喻夹七夹八，杂乱无比），一样是白土鲋（喻为搞不正当男女关系牵线者），一样是乡下乌壮蟹（喻家景富硕的农民），一样是醋腌来吃的鹤脚上肉（相当于"鹤腿上劈精肉"，比喻贪婪、刻薄），一碗飞来虾圆汤（喻意外的吃福，虾圆，以虾肉和面粉做成的小圆子），收拾得甚是精致。"显然，故意把菜名写得乱七八糟。

因此，夹忙头里炒螺蛳，即使作蛤蚌炒螺蛳，主旨还是比喻事情忽然被中断，被打岔，显得格外忙乱、闹杂甚至有点手足无措的意思。

例句一："约好格辰光（时间）蛮紧张哉，换好衣裳抱仔小宝宝正要出门，夹忙头里炒螺蛳，小宝宝俚要蹲坑（大便）哉。"

例句二："吾忙仔一日，想今朝夜饭简单点吧，夹忙头里炒螺蛳，伲男人带仔个朋友转来要一淘（一起）吃老酒，吾忙煞哉。"

腌笃鲜

苏州时令菜肴很多，其中又以“腌笃鲜”最为常见，最为知名。所谓腌笃鲜，是春夏之际，大量竹笋上市时，用咸肉、鲜肉与竹笋合煮的汤菜。腌，指的就是咸肉（腌肉），鲜，就是鲜肉和竹笋。笃，即煮，装有汤液的器皿放在火上煮，苏州话叫作“笃”，常常是用强火烧沸，然后再用文火煮或焖。通常人家的“腌笃鲜”，还放入火腿丝（或片）、头芽、金针菜、木耳等。讲究一点，还用百叶包肉，扎捆后放于其中一起烧煮。诸多食料的味道融合一起，尤为鲜美。烹制“腌笃鲜”并不难，糅入的其他菜料又相当随意，没有禁忌，而味道之鲜美，却不是一般菜肴所能达到的。因而每到春夏，苏州人最爱烹制，也最喜食用。

关于“腌笃鲜”，有一则传说。

明末清初，苏州才子金圣叹一身傲骨，最看不惯社会上喜富嫌贫、趋炎附势的人或事。某日，好友约其同去某富翁家祝寿。金推托道：“我两袖清风，怎么好意思？”朋友说：“你是大名人，到时赋诗一首，不就是最高的贺礼？”金圣叹推辞不了，只得同行。

到了富家，只见厅堂上已摆满八仙酒桌，桌上菜肴，一式的全是苏州名菜，菜名都是传统名称或日常吉祥用语。

冷盆是：凤穿牡丹、松鹤长青。

热菜是：游龙戏凤、明月鸽蛋、绣球干贝、如意鱼卷、玛瑙鱼翅、百鸟朝凤、雪塔燕窝、八宝肥鸭、金玉满堂、松鼠桂鱼。

点心是：吉祥船点、珍珠银耳、四喜蒸饺等。

菜肴果然丰盛，客人称颂不已，主人更是得意洋洋。一些附庸风雅的，忍不住吟起诗来，俗不可耐。金圣叹就想退出，怎奈众人起哄要他写了诗才能走，只得稍加思索，索纸写道：“若要不俗，家中有竹；若要不瘦，每顿吃肉；若要不瘦与不俗，回家去吃笋烧肉。”写讫，将笔一掷，扬长而去。

金圣叹盛宴上赋诗退席的故事很快就传开了。一个“笋烧肉”压倒了满桌的山珍海味。据说，“腌笃鲜”就是从金圣叹“笋烧肉”演化过来的。

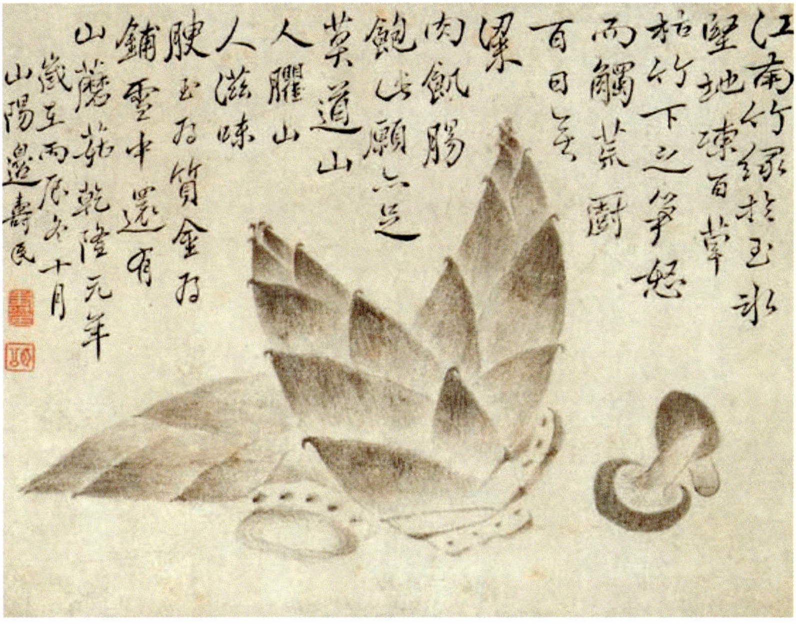

《笋菇图》清・边寿民绘

头新鲜，尾巴腌

“头新鲜，尾巴腌”是比喻做事虎头蛇尾，即起先很认真，很有劲，后来就不那么用心用力了，相当于说人只有“几分钟热度”，没有长性。其中，“新鲜”两字，苏州人常念作“鲜鲜”，全句念作“头鲜鲜，尾巴腌”。

苏州是鱼米之乡，鱼产特别丰富，但苏州人生活讲究，一条鱼本来就有几种吃法，通常买来一条几斤重的鱼，为节约起见，前半段（包括鱼头）现烧了，后半部（尾部）即腌起来，慢慢享用。

为什么总是腌尾部而不腌头呢？原来，鱼的头部不易保存，特别是高温天，鱼头不新鲜就易腐烂，鱼尾容易保存，也便于腌制。

尾巴的尾，苏州话念作“尼”，尾巴腌的腌，应当念作本音平声，却故意念成去声，与“厌”相近，是有意无意（或者说下意识）地引导听者领悟此语的寓意（厌，讨厌，厌烦，不耐烦了，也即没有“长性”了）。

例句一：“倷看，俚做啥个事才（全）是三分钟热度，头新鲜，尾巴腌。”

例句二："该格小囡（这个小孩），昨日皮球刚买转，俚欢喜得不得了，一日到夜不离手，睏觉时亦拿着，今朝勿要白相（玩）哉，拿球玍勒（丢在）阳台上，看亦不去看一眼，真格是头新鲜，尾巴腌。"

——附带需要说明的是，苏州盛产的河鱼以鳙鱼、青鱼、白鲢、鲤鱼、草鱼、鲫鱼、鳊鱼、白鱼为主，其中最常见的大鱼为鳙鱼与青鱼。鳙鱼，苏州人称花鲢（即胖头鱼），鱼头最肥，苏州人常用它与豆腐烧汤，最为鲜美（即现在流行的"大鱼头"汤）。鳙鱼的尾段口味不及青鱼，青鱼尾巴肥硕，拨水有力，烹制的青鱼尾十分可口，菜谱上特名"甩（念作豁）水"。

苏州话中类似的俗语，还有叫作"新箍马桶三日香"。马桶即是便桶，坐着如"蹲马步"，故称马桶。马桶常用杉木做就（杉木木质软韧，又不怕水浸，做成的器具，防水性能较好，所以一般船只、桶类器具多用杉木做），外用铁箍箍住，新箍马桶就是指新做的马桶，没用过，自有一种杉木香味，使用几天后的马桶当然就没有原木的香味了，故云。

黄鱼脑子不开窍

苏州昆山东面今上海一带，早先全是海城，海水潮汐，浪潮能打到昆山，所以昆山有问（候）潮馆，苏州东郊唯亭因而就有了“潮过唯亭出状元”的童谣。因为近海，所以多海鱼，其中黄鱼是苏州人最常见也最爱吃的鱼类。

黄鱼头骨中“耳石”特别发达，苏州人称之石首鱼（动物学里，石首鱼科中，在我国包括大黄鱼、小黄鱼、鮸鱼、梅童鱼等多种，此处专指大黄鱼），《吴地记》、《吴郡志》等书中都有记载。有本叫作《吴录》的书记载犹为详细：“娄县（今昆山）有石首鱼，至秋化为凫，凫头中犹有石。今惟海中，其味绝珍，大略如巨蟹之螯，为江海中之冠。夏初则至，吴人甚珍之。以楝花时为候。谚曰：‘楝子花开石首来，笥中被絮舞三台。’言典卖冬具以买鱼也。此时已微热，鱼多肉败气臭。吴人既习惯，嗜之无所简择，故又有忍臭吃石首之讥。二十年来，沿海大家始藏冰，悉以冰养，鱼遂不败。然与自鲜好者，味终不及，以有冰故，遂贩至江东金陵以西，此亦古之所未闻也。海上，八月间又有一种石首，此时天凉，不假冰养而自鲜者，谓之回潮石首。”（《吴郡志》卷二十九

《捕鱼图》选自汉代画像石拓片

“土物”）

苏州人爱吃黄鱼，当时黄鱼又多，所以对黄鱼头中有“石”印象深刻。

通常一个人脑子不灵活，人们称之为不开窍，苏州人就特称为“黄鱼脑子不开窍”，有时干脆就称作“黄鱼脑子”，这就有点像歇后语了。“黄鱼脑子”相当于北方方言中的“榆木脑袋”，比喻古板，不灵活，死硬，近乎骂人的话“一根筋”。

伍

讲数字

——数字里的酸甜苦辣

一粒米也能笃粥，三日不吃青就得冒火星。天上地上，水里火里，有苦就有乐，哪管它七死八活；有高必有低，不管它三七廿一。数字里尝遍苦辣酸甜，生活里看遍生旦净末。生活的哲理就在这话语里让人牢记。

七死八活

中国人对数字“七”与“八”放在一起，比较敏感，相关的词语有七长八短、七高八低、七拉八扯、七颠八倒、七零八落、七拼八凑、七上八下、七手八脚、七嘴八舌等等，都是把形容的程度予以放大，极言其乱，极言其甚。苏州人对此尤为敏感，如形容人年纪大为“七老八十”；形容人讲话做事没有规矩，没有逻辑，叫作“瞎七搭八”；形容遭受折腾、吃足苦头或半死不活的为“七死八活”等。“七老八十”好理解，指寿命已达七八十岁，当然是指年老者；瞎七搭八，也好理解，瞎者，盲目也，乱来。

“七死八活”，又怎么说呢？苏州一带实际上起码有三种解释：

一、民间认为女子怀孕才七个月，孩子就因故生了，这样的孩子，很难养活，多死亡。若怀孕足八个月，才容易成活。这是说胎儿在母亲腹中要养足八个月才行。这里的七与八，分指时间长度七个月、八个月的意思。

二、江南农村阴历七月，稻谷及其他水生作物尚未登场，农民生活“青黄不接”，分外拮据。八月份，新稻或其他水生作物登场，经济上才始活络，所以叫作七死八活。这里的七与八，分指农历的七月份、八月份。

三、农历七月，是吴地一年中最炎热的月份（民间有“火烧七月半”

之说）。传说此时连树上的“刺毛虫”也热得死，此时，若人在树下，刺毛虫有毒的毛“螫”人的现象比六月份要少得多。而到了农历八月，天气稍凉，刺毛虫又起死回生了，人们不小心又易被刺毛虫“螫”到。实际上，整个夏季树上都有刺毛虫，只是七月份最热的时候，恰恰是第一批刺毛虫已经大量化蛹进而化蝶、产卵，而第二批成虫尚未大量出生，显得树上刺毛虫较少，人们便以为它都被热死了。到了八月份，下一代成虫大批出现，民间便认为刺毛虫又活过来了。这里的七、八也是指农历的七月份、八月份。

当然，作为形容词，现在话语中的“七死八活”与女子怀孕、稻谷登场、刺毛虫死活都无关联，只是用来比喻受折磨，受苦受累，或被惊吓的程度。如“这桩事太难，做得大家七死八活”，“吓得他七死八活”。但苏州人讲“七死八活”，只是形容困苦、惊吓程度，有“做煞、苦煞、吓煞”的意思，但还不是最糟糕的，因为终于还是“活”了，所以讲“七死八活”，都是事后的形容，含有些许侥幸度过的成分在内。如果真的有人做死、吓死，反而不叫“七死八活”。

《康熙御制耕织图》之插秧、灌溉、收刈、登场 清·焦秉贞绘

收刈
田家刈穫時腰
鐮覺倉卒霜濃
手龜坼日永身
磬折兒童行拾
穗風色凌短褐
歡呼荷擔歸煖
望屋山月

登場
禾黍已登
場稍覺農
事優黄雲
滿高架白
水空西疇
用此可卒
歲願言免
防秋太平
本無象邨
舍炊烟浮

板板六十四

几次看到介绍“板板六十四”的文章，都说是因为苏州清代有制币厂（即“宝苏局”，地处苏州阊门内下塘，今廿四中学所在地），铸钱的模板每板有六十四枚，故云板板六十四。

我国自宋代开始，各处浇铸铜钱的钱范（模板），每块板都是横八竖八共六十四凹孔，即每板定铸六十四枚钱币，全国各地都一样，不独苏州为然。而作为一个词语的产生，也远早于清代。“板板六十四”已收入诸如《汉语大辞典》等大型辞书中，算不得只是“苏州闲话”。钱范是人造的，是死的板面，固定的六十四凹孔，每次铸钱六十四枚，大小也一样，所以后被人们用来比喻毫无生气，毫不活络的人事，也叫作“死板”。一个人整天拉长了脸、铁板着脸（“板着面孔”）或做事过分顶真、死板、固执、机械，不会灵活处理的，不懂得具体问题具体分析、具体对待的，都会被人形容为“板板六十四”。

但在“板板六十四”后面，应当还有“半句”，往往被隐掉了。这就是“碰碰脱裤子”。碰碰，是苏州话（它有两种意思，一是“经常、时不时”的意思，二是指轻轻接触）。这句话乍听好像很下作，其实最初发生在苏州时，不仅不下作，恰恰形象地反映了“宝苏局”门口的特殊现象。原来，在宝苏局里从事铸钱这种繁重工作的，并非常人认为的罪犯或奴隶，而是一般意义上的工人，他们还有宿舍和相当的福利条件（今廿四中学北面的前、中、后同仁街就是制币工人的宿舍。同仁为“铜人”谐音），但地位还是很低下的。每当制币数量不对时，主管宝苏局的官吏们，首先怀疑是被工人偷去，所以，凶神恶煞般的“保安”，在出门口对下班的工人进行严查，一不对劲，就解下他们裤带抄身（制币工人铸钱时通常上身赤膊，要带东西也只能藏掖在裤腰里）。有时保安只要作势接触一下工人裤腰，工人知道要抄身，也只得配合着把裤子脱下来。“板板六十四，碰碰脱裤子”正是人格上受到侮辱的制币工人，对宝苏局及其爪牙们的一种诅咒，也是对自身境遇的一种控

清康熙七年苏州在东中市崇真宫桥北设立钱局，称宝苏局，所铸钱称宝苏钱

诉。这种诅咒和控诉，夹带着某种无可奈何的情绪，还有几分“嘻怒”和“戏谑”性质，所以很快就成了口头禅。

后来，又被人们用来形容一些娼妓，平常装得冷若冰霜，却时不时陪人上床。戚饭牛《吴谚详解》说：“板板六十四，碰碰脱裤子。不苟言笑，不轻举妄动，只消洋钱到手，无不可立时消魂。”这就有点下作了，但在旧时，其实也是流氓、无赖们侮辱妇女、污蔑妇女的话。“小混混”们见了一本正经的妇女，或者自己轻浮的言行遭到拒绝和谴责时，就用此口头禅辱骂妇女，反映心理上的“吃不到葡萄，就说葡萄是酸的”。

“板板六十四”，作为口头语言，至今常用，但已消解了形容娼妓或侮辱妇女的意思，而只是用来比喻做事刻板或爱板着脸处理事务的人。有时，家庭内，亲人之间，或家长对子女，也用“板板六十四”来形容，至多只是形容“不讨人欢喜”的做法和脸色而已，根本不存在控诉或污辱人的意思了。

逃脱格鲤鱼十八斤

本语中最令人纳闷的就是“十八”两字，难道它也有故事吗？

其实，古人对数字“十八”感兴趣，原因有两个。第一个原因，是因为它是数字“九”的倍数。古人重视“九”，十分崇拜它。九字仅两笔，其中一笔为横折弯钩，转了三个弯，这是汉字笔画中弯曲最多的笔形。反映在《易经》上，“九”与“龙”关系极为密切，因为传说中的龙，体形（特别在行动时）曲折弯绕。《易经·乾卦》全是阳爻、阴爻称九，这个卦的爻辞几乎都是写龙（如初九潜龙勿用；九二见龙在田；九四或跃在渊；九五飞龙在天；上九亢龙有悔；用九见群龙无首），反映在上古空间划分与地名总括，也多用九，如“天有九野，地有九州，土有九山，山有九塞，泽有九薮”（《吕氏春秋·有始》）。因为九是最大的阳数（奇数为阳），可比喻繁多，也比喻登峰造极（所以有时用来象征帝王，称“九五之尊”）。十八又是另一个神秘数，同样比喻繁多或数不清的“三十六”的一半。所以言数目之多，有时就用“十八”来表示了。如武艺指十八般武艺，地狱称十八层地狱，连蔡琰作诗，也要《胡笳十八拍》，骂人也有“骂到十八代祖宗”等等。最有代表性的大约要数“十八罗汉”了，因为庆友尊者于公元2世纪所作《法住记》中，只记载了佛的十六个弟子即罗汉的名字，《法住记》由玄奘法师译介到中国，也铁板钉钉地称十六罗汉。但

《藻鱼图》 明·刘节绘，现藏美国克里夫兰艺术博物馆

在五代时，硬是被人说成十八罗汉，多出的两个罗汉，据说是把庆友本人与译者玄奘也算了进去。将庆友算进去（排列第十七）尚可理解，把玄奘算进去，总有些不伦不类吧，于是有人重复了第一位罗汉的名字（列为第十八位），也有的则把摩耶夫人和弥勒列为第十七、十八罗汉，民间又视为降龙罗汉、伏虎罗汉，真是一笔糊涂账。宋代时，有人发现并指出了问题，但这“亵渎神灵”的事居然历千年而不改，就是因为国人喜欢十八，崇拜十八。

第二个原因，是因为“十八”与“变化”有关，这也起源于《易经》。《易·系辞》是专讲占筮的，占筮方法非常烦琐，但归纳起来，则为“四营而成易，十有八变而成卦”，即“经过四个推衍步骤完成一易（一变），经过十八变才能完成一卦”。“十八变”原指占筮过程中蓍草根数的变化，既复杂又荒诞，一般人听了都头疼，但“十八变”的说法却流传下来了（连佛教的《景德传灯录》也记有“龙女有十八变”之说）。江南有所谓“黄梅天十八变”、“女大十八变”等说法，都是“十有八变而成卦”的余绪。

因此，尽管十八是计量和统计的确数，但在民间，它只是数目多的一种表义。“女大十八变”，说的是女孩生长过程中，相貌、身段变化多，越变越美，绝不是定数变了十八次。“初生牛犊十八跌”，也不是说初生牛犊要跌十八次，而是形容跌了好多次，终于长大了，强壮了。

逃脱格（的）鲤鱼十八斤，是说本该抓到的鲤鱼逃掉了，它又大又肥，肯定有十八斤，真可惜。这句话的背后，反映的是常人的一种心理：得到的，总觉得比较平常，甚至较小，较少，而失去的总觉得又大又好。江南另有些地方说“捉着格鳗鲡藤条细（一作指头细），逃脱格鳗鲡臂巴粗”就是这个意思。生活中，我们经常能遇到这样的事，去野外钓鱼，钓到鱼，大家有目共睹，不在话下。逃掉的，则往往夸张地往大里说，往好里说。打猎也是这样，打着一只野兔子，逃脱了一只，问逃脱的一只有多大，总是说很大很大。同样两个诉求，一个达到了，并不稀罕，另一个未达到的，似乎就更吸引人些，遗憾似乎也就更大些，这就是因为往往是“逃脱格鲤鱼十八斤”。

一筅帚甩煞十八只蟑螂

本语有时简缩为“一筅帚十八只蟑螂”。筅帚，一写作洗帚，是洗刷锅子（通常是铁镬子）的用具，用竹丝或很细的竹条编成，一头扎紧，从未扎紧的另一头打入一竹桩，使未扎紧的一头散开。洗刷锅子时，手握扎紧的一头，将散开的一头在锅内擦洗污垢、残渍。不用时，常放于灶间（厨房）搁放杂物的案几上，或干脆放在灶台上。现在市民家已少见柴灶和大铁镬子，一般洗刷锅具都用抹布、钢（铁）丝球了，筅帚已基本不用。但农家灶间凡有灶头，或用大铁镬子烧饭菜的，还多用它。

筅帚是用来洗刷锅子的，怎么用来甩打蟑螂呢？

蟑螂是常见昆虫，为蜚蠊目昆虫统称。全世界四千多种，大多生活在野外，与人关系不大，我国已知的近一百七十种。但与人类有关的，经常活动在人类居室中的主要有五种，大型的体长二十五至三十五毫米，小型的一般不超过二十毫米。成虫身体扁平光滑，褐色，头部有一对多节细长的触角，胸背有两对翅膀，通常白天蛰伏在阴暗的缝隙里，夜晚出来活动，爬行速度很快，还能作短距离飞行。人类居室中的蟑螂，是害虫，它们经常偷吃各种食物，咬嚼衣服、书籍等，还排泄废物污染食物，体表还带有多种病原体，传播疾病，如结核菌、肠带传染病病菌、麻风杆菌、白喉杆菌及蛔虫卵等。

《寓斋杂品》 清·边寿民绘

蟑螂繁殖率极高，最喜欢活动在阴暗、潮湿、多食品残渣的地方，所以灶间成了它们聚焦、繁殖的“安乐窝”，如碗橱、灶台等，往往打开橱门，掀开某遮盖处，一下子便会看见多只甚至几十只蟑螂四散逃窜。见了这种让人恶心的害虫，自然非打不可。但蟑螂爬行灵活，身体又极为扁平光滑，用棍子拍打难以奏效，而且“投鼠忌器”，怕砸坏碗盏器物，最顺手的就是筅帚了，拿起来扫（甩）既能打死、驱散蟑螂，也不易毁坏器物。一筅帚扫去，成堆的蟑螂，也不管大的小的，雌的雄的，打住几只是不成问题的。王梦沂先生认为，筅帚在擦洗东西时，本身竹丝里夹着的污垢、残渍不易去掉，反而成了蟑螂聚焦、繁殖的“安乐窝”。人们用筅帚，一甩就有很多只蟑螂甩出，所以称“一筅帚甩煞十八只蟑螂”，此说也通。

至于“十八只”，也只是极言其多而已，一筅帚与十八只，不仅“对比”强烈，苏州话念起来，顿挫有力，语速又快，极有感染力。

一筅帚甩煞十八只蟑螂，常用来比喻批评人、事、物时，不问青红皂白，不加区别，否定或骂倒一切，或全部“一棍子打死”。更确切的引申义是连累无辜的人一起受到批评、指责、责难 。

例句：“厂里有好百个人，小偷小摸只是个别人，现在倷倒好，把厂子说成贼窝，一筅帚甩煞十八只蟑螂，不作兴格。”

三个铟白糖，一蘸就光

后半句“一蘸就光”又作“一蘸就完”或“一蘸就呒不”。这是句歇后语，有时干脆就只用前半句“三个铟白糖”，但重点还是在隐去的后半句。

钱币，苏州人称铜铟，又特称“铜板”。三个铟，指三个铜板，这里的“三”，不是通常所指的多，而是指少，白糖价高，用仅三个铜板买来的白糖，数量极为有限。蘸，是个动词，通常指在液汁、粉末或小颗粒堆里沾一下，苏州人把尝味道或用食品沾调料的动作，都称作“蘸”。比如，端午节苏州人做的“白水粽”，就常常把它蘸了白糖吃。有时，尝一下食品的味道怎样，也用筷子或干脆用手指“蘸”一汁液，入口尝尝。苏州人口味嗜甜，三个铜铟买来的白糖又太少，蘸一下就没有了。“光”就是“完”，就是“呒不”。

“蘸”字在苏州话中同称赞的“赞”字是一个音，一蘸就是一赞，一蘸就没有，就是一称赞就消失了，没有了。此语用来比喻某些人表扬不得，一被表扬，一被称赞，就不行了，该做的不做了，该不犯的又犯了。

例句一：“到底是小孩，刚才还说她坚强，不哭的，谁知她听了，反而哭个不停。真是三个铟白糖，一蘸就光。”

例句二：“他啊，表扬不起格。刚说他身体好，脚有劲，爬到山顶没有问题，他却一屁股坐下，不肯爬了。真是三个铟白糖啊！”

有时，也用于批评一些人稍有成就，就骄傲自大，甚至得意忘形，不争气了。弹词《林冲·柴庄比武》（表）：“洪教头听见别人称赞自家轻身功夫好，骨头轻哉，连下来两只脚正好踏在自己棍子上，一滑又是一跤。庄丁想俚是三个铟白糖——一蘸就完格。”

需要指出的是，“三个铟白糖”有些老苏州念作“三角铟白糖”（“角”字念作“骨”），也通。“角”是很小的货币单位，相当于北方方言中的“毛”，三角就是三毛，价值三毛的白糖，肯定极少，“一蘸”也就光了，完了，呒不了。

一粒米笃粥

本语实际上也是歇后语，全句是：一粒米笃粥——米气亦呒不。弹词《三笑·石榴侯选》（表）："石榴丫头想着半年当中，唐伯虎、自家在小厨房里讲讲说说蛮要好，觉得自家身份也高了，别格厨师替俚说笑话，偌俚面孔一板：'唔笃搭我讲张，真所谓一粒米笃粥——米气亦呒不，我搭解元老爷谈得拢格。'"

其中有一个苏州人常用的字，就是"笃"。笃粥就是煮稀饭。笃是动词，意思是用文火煮，若是用烈火煮，就不叫"笃"，叫作"烧"了。但"笃"与"焖"又有区别，"焖"字重点在于存煮食物的器皿要盖住，烧开以后，看所煮的食物的煮烂难易程度来定烧还是不烧。但盖子要盖紧，盖盖严了，才叫"焖"。而"笃"，常常将器皿盖半开，下面火煮，器皿中盛有水汁，煮沸了，便有气泡升起。气泡爆裂的声音，就像"笃"字音，所以"笃"也作为象声词，用得较多的如"笃笃笃敲门"、"笃笃地斩着肉酱"，儿歌"笃笃笃，买糖粥，三升胡桃四升壳"。因此，"笃"这个动词，就是从象声词借用来的。日常生活用语较多，如笃黄豆、笃赤豆、白笃蹄胖、笃笋干等等。歇后语"汤罐里笃鸭——独出张嘴"，家常名菜"腌笃笋"等。当然，笃字还有其他用场，如之前我们说过的"唔笃"的笃，就是后缀，表示某人所在的一伙或其一家人，如：小张他们，可称作

位于苏州观前街玄妙观广场的卖糖粥铜雕

儿歌：笃笃笃，买糖粥，三升胡桃四升壳，吃仔你格肉，还仔你格壳

“小张笃”。小王一家人，就可称作“小王笃”。有时又相当于“的”字，小陆的母亲，可称作“小陆笃娘”，这里的“笃”表示单数，不是一伙、一家人意思了。笃做动词，另有“笃嘴”、“笃起一张嘴”，意思是把嘴巴撅起。又作语气词，相当于北京话的“啊”、“呀”，“你倒坏（好）啊，让我白跑一回”，苏州话说成：“倷倒好笃，叫我白跑一趟。”笃还可以组成其他词，如笃定（一定能够做到、完成的意思），笃定泰山（很平静，慢条斯理），笃盅（慢慢地喝酒），笃坦（很从容，不着急）等。据说，王安石喜欢解字，他说“波”就是“水之皮”，“土之皮”为“坡”，而“以竹打马”就是“笃”。苏东坡听了，不以为然，就问道：“既然以竹打马，就是‘笃’，那么，以竹鞭犬，有何可笑（笑字，古人也写作竹字下面一个犬字）？”当然，这是题外话了。

用一粒米放在锅内煮粥，不仅煮不出粥来，甚至连米的气味也没有（亦，即“也”，表示加强语气，但苏州人念“亦”字，不念作“一”，而是念作“匣”。呒不，即没有）。这是什么意思呢？原来这是比喻两者关系太悬殊，差距太大，“早着呢，远着呢”。上述《三笑》中石榴的表白，就是认为自己与唐伯虎讲讲说说蛮谈得来，身份高了，其他厨师，要想与自己说笑，差得远呢，谈也不必谈。意指不在一个层面上，差距实在太大。例句：“老王想与老张比拳头，真是不知天高地厚。用伲苏州闲话讲，就是‘一粒米笃粥，米气亦呒不’。”例句的意思是：老王道行太差，功夫太浅。

三礼拜六点钟

“三礼拜六点钟”是“醋”字的谜面，或者说是“醋”的隐语。指产生的妒忌情绪（包括男女间情事）。《海上繁华梦初集》第二十回：“看见楚云合阿巧怒匆匆的与人争闹，那边乃是如玉，估量着为了三礼拜六点钟事情。”礼拜是随着基督教的传入而带来的名词，即今日普通话中的“星期”。但苏州、上海一带口语中仍称为“礼拜”，三礼拜即三个星期，三个星期再加上六点钟，怎么与“醋”或者是“吃醋”有关呢？

原来，这是利用了猜谜中的“拆字格”。“醋”字，一边是个“酉”字，一边是个“昔”字。昔字上下分拆为“廿一日”。一个星期为七天，三个星期即二十一日，正好是个“昔”字。此外，在旧时（汉代起），以地支与十二时辰制相配时，六点钟正好是“酉”时。古代将一天平均分配给十二个时辰，每个时辰相当于现在的两小时，“子时”即“夜半”，晚上十一点到次日一点，以下依此类推，即丑时（鸡鸣），一点到三点；寅时（平旦），三点到五点；卯时（日出），五点到七点；辰时（食时），七点到九点，巳时（隅中），九点到十一点；午时（日中），十一点到下午一点；未时（日昃），下午一点到下午三点；申时（晡时），下午三点到下午五点；酉时（日入），下午五点到晚上七点；戌时（黄昏），晚上七点到晚上九点；亥时（人定），夜九点到夜十一点。宋代以后，把每个时辰分为初、正两部分，这就相当于现在的二十四小时制了。酉时的初，是下午五点到六点，正，是下午六点到七点。下午六点钟当然是名副其实的“酉”时。合起来，三礼拜为廿一日，是“昔”字，六点钟是“酉”字，左右相合便是个“醋”字。

众所周知，一天之中，有两个六点钟，一个是早晨六点，另一个是下午六点。那么，既然谜面是“六点钟”也可以认为是早晨六点，即“卯时”。有人认为，这与古代情人“相约黄昏后”有关。既然情人相约黄昏后，那就只能指“下午六点”。这个谜面的前半句话“三个礼拜”，要转个弯才能得出“二十一日”的结论，下半句“六点钟”也得转个弯，才能确定是“下午六点”。这就是这个谜面的过人之处。

这是个文字游戏，借以指代“吃醋”。此语旧时用得较多，如今的青年人已经不用。但老苏州在闲聊时，偶尔还用此幽默一下：“小王看见小张来找隔壁阿妹，面孔‘多云转阴’，恐怕是三礼拜六点钟哉！”

三日不吃青，两眼冒火星

苏州人以米饭为主食，吃米饭佐以菜肴，苏州人统称“小菜”，小菜又分荤、素两类。三日不吃青，就是指接连三天（几天）的佐饭小菜中没有素菜，都是荤的，那么就要“两眼冒火星”了。即人会感到很难受，难受得两眼都冒火星了——可理解为素（蔬）菜是“清火”的，总吃荤（荤菜都是热性的），导致“内热”，热得两眼都发红发肿了。实际上，佐饭的小菜确应以素（蔬）菜为主。据国际粮农组织1990年统计，人体必需的维生素C的90%、维生素A的60%，都来自蔬菜。蔬菜中还含有多种多样的植物化学物质。

吃青的青，泛指一切植物性的蔬菜，除绿叶菜外，还包括瓜、果、豆、根茎类，即除动物类的食物以外的所有蔬菜。但就狭义而言，青又特指绿叶蔬菜，其中又以“青菜”为主。有句老话说，天下最美味的蔬菜莫过于“苏州菜、杭州笋”。俗话说：“上有天堂，下有苏杭。”作为天堂，苏州与杭州的蔬食也确各有特点，这就是“苏州四季不断菜，杭州一年不断笋”。这个苏州菜的菜，指的就是人人皆识的四季不可缺少的蔬菜——“青菜”。

令人惊讶的是，这个饭桌上最为常见的“青菜”，在相关历史典籍（例如《农书》、《医书》）里，却几乎为“零记载”。近十多年来，经各方

《蔬果图》册页
元·钱选绘，现藏上海博物馆
吃青的青，泛指一切植物性的蔬菜，除绿叶菜外，还包括瓜、果、豆、根茎类，即除动物性的食物以外的所有蔬菜考证才知，原来它就是大白菜（菘）的变种，即不结球白菜，北方又称作小油菜。旧时苏州、上海一带民间又称作藏菜（一作床菜）。张岱《夜航船·清廉》中，说到明代嘉靖时人刘玺，居官廉洁，吃饭总是以青菜为"小菜"，人呼"青菜刘"。这就说明至少在明代嘉靖年间，已有称作青菜的菜了。历史上中国人吃茎叶蔬菜，是在不断改变的。先秦、汉魏时期，多吃葵、藿、蕨菜等，之后引进菠菜，又培育成功大白菜。明清以降，江南，特别是在吴地，青菜成了最普通、最常见，也最受欢迎的蔬菜。

苏州青菜的品种与称谓十分丰富，其中最有特色的优良品种叫作"矮脚青"（苏州青）。在不同时期，佐菜的方法和称谓也不同。晚春及入夏，新播种的青菜，发芽长叶十多天，柔柔细细，一棵才几根菜叶，鸡毛一般，故称鸡毛菜，十分青嫩，常用来清煸或做蛋花汤，味道鲜美清爽。夏末初秋，小青菜长得比鸡毛菜大多了，一棵棵已经成形，可拔出作为菜秧分穴栽种，这时的小青菜称"小塘菜"，小塘菜可用以清炒或直接经水淖后食用，另有鲜味。中秋以后，特别是霜降过后，分穴栽种的青菜已经长得十分壮实，一棵有十几个柄叶，叶柄肥厚，如匙勺形，又嫩又白，叶呈椭圆形、倒卵形，叶为绿色，甚至呈墨绿色，油光发亮。叶柄紧裹菜心，呈"束腰"状，而叶向外舒展，形状可爱。这时的青菜，显得粗壮，一棵就可重达一二斤，故又称“大青菜”。大青菜最易烹饪，也最可口，煸炒易熟，吃口甜糯，清香扑鼻，是佐饭的最佳绿叶菜，用它烹制的苏州家常菜，有所谓“香菇菜心”、“鸡油菜心”，早已成了苏帮菜中的经典菜肴。初春，青菜抽薹，专掐菜薹煸炒，则别有一种风味，十分鲜美，苏州话称作菜箭、菜苋。此外，青菜又可腌制成“盐齏菜”、“盐咸菜”，菜薹又可制成菜干等，都可备不时之需。正因为如此，才有“苏州四季不断菜”的声誉。

需要提出的是，青菜春天抽薹、开花、结籽，成熟的菜籽榨出的油，就是大名鼎鼎的“菜籽油”，专门用作产籽榨油的这种青菜，即是油菜。

苏州还有这么一句话：“三日不吃回魂食，四脚笔立直。”就是说不吃“回魂食”是不好的，危险的，三日不吃它，要“四脚笔立直”。所谓“四脚笔立直”，是指人死。旧式殡葬，死人躺在棺材里，必须手脚放直，否则身体蜷曲，难以钉上棺材盖，不能殡殓。“回魂食”是什么呢，主要就是指用人兽尿粪作肥料的蔬菜，比较含蓄，但是大家都懂“回魂”的意思。用现在的话讲，就是有机蔬菜，生态蔬菜。

陆

讲老话

——被遗忘的生活百态

故事里的昨天是历史，故事里的今天是希望。戳浮尸让人生气，儿歌里却有大道理。乘白船少嫌杉木气，小筷唔还能当武器。本该遗忘的过去，却因口口相传而鲜活。

戳浮尸

浮尸，浮在水上的尸体，是骂人的话，但同样是骂人的或不礼貌的话，如“鬼”、“赤佬”、“杀千刀”、“家伙”等，前置一个“小”字，便常常成了大人对小孩的昵称，充满了爱怜之意，如“小鬼”、“小赤佬”、“小杀千刀”、“小家伙”。小浮尸也不例外，某些家长称自己孩子“小浮尸”，只是口头禅而已。需要指出的是，在特定语境里，它们本身也可用作爱称的，如“杀千刀”。江南一带，妻子称（不一定是骂）丈夫“杀千刀”，至多只是一时之恨，骂中带着爱，不是真的诅咒丈夫“千刀万剐”。就像把丈夫骂作“冤家”，是妻子的专利品，其他女人反倒是骂不得，骂了，显得有些“暧昧”了。

戳浮尸的戳，通常是用手指或其他长条形物体（如竹竿、树枝、铁条、木棍等）触动或戳穿某一物体。苏州为水乡，旧时的村、乡、镇、区甚至县，多以河为界。在界河上发现了浮尸，总是有些麻烦，而且也总觉得“霉气”、“灰气”，于是人们常常就用竹竿什么的，将浮尸推到河对岸（界外）去，让“对面”去处理。对方也会这么做，将浮尸再推过来。在水面上这样将浮尸推来推去，就叫戳浮尸。

河面上有浮尸（包括死的牲口、死的家禽等），人们见了，用长形物体把它推开，当然是不负责任的做法，但在旧时也是无可奈何之举。负责一方民事的，“多一事不如少一事”。因为死了人或死掉一头牛、马什么的，报了案，问题就大了。踏勘、侦查、料理、诉讼，哪一桩不费时费力费钱？查无实据时，你作为报官的第一责任人，麻烦有的是。而且迷信的人又觉得自己河边有死人什么的，实在是晦气、霉气，自私之心作祟，就将浮尸推给对方了事。因此，后来就把麻烦的事或难于处理的事推给别人叫作戳（触）浮尸。有时，还把难以处理的事主介绍给别人，也叫作戳浮尸。“浮尸”在这里，也不一定有骂人的意思，只是泛指“麻烦者”而已。比如，某头儿觉得手下某人经常有些不尴不尬的事，嫌麻烦，就借故把他调走了，不一定是惩罚或降级性质的，表面上看，还可能是推荐到更为优越的职位上。某人自己也有所感觉，有时就会自嘲道：“拿我戳浮尸，戳走了。”浮尸是自称，当然不是骂人，习惯用语而已，但多少有些贬义。

『乡下大姑娘』尽管在审美要求上不合时髦，却实惠、实在，吃得起苦，能顶事

乡下大姑娘，有吃呒看相

这句话中，需要详解的就是个“吃”字。吃在苏州话中，用得实在广。吃饭、吃菜的吃，是吃东西的吃。而吃青春饭、吃开口饭、吃软饭中的吃，因为“饭”字暗指“工种”，已比较抽象，这个“吃”字就有指依靠这个工种过活的意思了。到了“吃西北风”、“吃官司”、“吃耳光”、“吃辣火酱”、“吃香”中，就不是动词、名词的问题，而是比喻、形容了。“吃西北风”是挨饿；吃官司是坐牢；吃耳光是挨耳刮子；吃辣火酱是“吃苦头”的意思；至于吃香，则是指吃得开、走红、受欢迎了。

但另一种“吃”，则意思比较暧昧，事牵两性关系，如“吃豆腐”，先是专指挑逗、调戏妇女，后又泛指开玩笑、调侃。

本句中的“有吃呒看相”的“吃”，也事涉两性，但也有戏谑味道。整句话的意思是说：乡村的女孩子，身体壮实，就是卖相（即相貌，包括形体）差一点。这里的吃，往往或暗指房事，但也不完全实指，也包括指对方能干、能担当。也就是说，“乡下大姑娘”尽管不合时髦的审美要求，却实

惠、实在。此语从某种意义上讲，应是实话，比起城里富贵人家“衣来伸手，饭来张口”，娇滴滴、弱不禁风的美女小姐，乡下女孩吃得起苦，能顶事。因此话中尽管有戏谑成分，但不是贬义词，往往还被人用作“不求表面，只求实在”的劝导语。也因此，除本义带有戏谑意味外，现在通常还被用来比喻物体，外表差一点（如比较粗大），但实用，不一定指人了。

例句：“格（这）只方盒子倒蛮派用场，不怕水湿，不怕火烧，随便啥物事才（全）可以装，只是外形太死板，盒面颜色又太老土，真是‘乡下大姑娘，有吃呒看相’。”

瘌痢背洋枪，洋枪打老虎

比喻一物降（制服）一物，苏州人通常称作“一目吃一目”。目，类目，特指某种相同性质、地位、能力、爱好的人或物。比如“大鱼吃小鱼，小鱼吃虾米，虾米吃烂泥”，“目”就分别指大鱼、小鱼、虾米、烂泥各类。但如果遇到轮番循环的，比如走兽棋的大象吃狮子，狮子吃老虎，老虎吃豹，豹吃狼，狼吃猫，猫吃老鼠，老鼠吃大象（这里的吃也有制服的意思，传说大象最怕老鼠钻进象鼻，故有“老鼠吃大象”一说），苏州人就会笑道：“瘌痢背洋枪，洋枪打老虎……一目吃一目。”

此语前几句引用的，其实是儿歌，全歌是：

瘌痢背洋枪，洋枪打老虎，老虎吃小人（孩），小人（孩）捉公鸡，公鸡吃蜜蜂，蜜蜂叮（螫）瘌痢。

这样的儿歌，在我国，至早也只能产生于清代，因为之前，百姓还不知“洋枪”为何物，也就不可能产生这样轮番循环的思维。歌词通俗易懂，如果要做点解释的话，只有“瘌痢背洋枪”、“蜜蜂叮瘌痢”两句。

瘌痢，又写作“癞痢”（癞，苏州话念作“辣”），即黄癣，俗称秃疮，患上此病者，头发脱落，油光光的头皮上，常有分泌物。患此病者被人呼作“瘌痢头”，我国旧时常见患此病者，现在已经罕见。应当说瘌痢头与因患天花导致的麻面（苏州人称麻子）等称呼，带有侮辱性，有失礼

《小庭婴戏图》宋·佚名
现藏台北『故宫博物院』

貌。偶尔人们头发脱落得厉害，也会被人笑话道："头发少得像瘌痢一样。"为什么独独称瘌痢头背洋枪呢？这恐怕与镇压太平军的洋枪队有关。当时以戈登为首的背着洋枪来华的外国雇用军，帮着清政府对付太平军。洋枪队成员，自然多为洋人，本来就是短发，或许还因种种原因，如脂溢性皮炎而引起的秃头或干脆就是患上黄癣的人较多，中国人对他们没有好感，逐步形成"背洋枪的多为瘌痢头"的印象。

为什么又是"蜜蜂叮瘌痢"呢？

原来，瘌痢导致的秃头，患处多显圆形，时有分泌物溢出。光亮的头皮、难闻的气味，总会诱引苍蝇等昆虫"逐臭"，而圆形的患癣创口，又像是一朵朵花。"蜜蜂叮花"是常识，而"蜜蜂叮瘌痢"或许就是一句玩笑，讲得多了，人们便以为真的是蜜蜂爱叮瘌痢头了。被蜜蜂叮螫，当然要躲避，蜜蜂也就成了制伏瘌痢的"目"。于是循环往复，就有了"瘌痢背洋枪，洋枪打老虎"这样"一目吃一目"的现象比喻。

20世纪50年代，市面上还有儿童玩的"蜜蜂叮瘌痢"的牌卡出售。一套六张，一张画着瘌痢头，一张画着洋枪，一张画着老虎，一张画着小孩，一张画着公鸡，一张画着几只蜜蜂。儿童两人可各持三张（如果三人游戏，每人各持两张），游戏时，各人同时出示一张牌，以"一目吃一目"顺序定为胜。双方出示的牌上，如果不可吃，如一位出示的是小孩，另一位出示的是洋枪，则不算，可以另行出牌角斗。小孩边出牌，边叫喊，也挺是有趣。

例句："老王屋里，老王最怕小孙子了，小孙子怕爷（老王儿子），爷怕娘（老王儿媳），娘怕好婆（老王妻），好婆怕老王。真是赛过瘌痢背洋枪，洋枪打老虎……一目吃一目哉！"

搛着一筷吔

筷子是中国人进食的用具，老苏州人称作筷吔。搛，即夹，苏州人专将用筷子或用两根长条形物夹持东西称作“搛”，如：搛菜，搛块肉，搛点鱼，等等。奇怪的是这个“搛”字，笔划不算多，也不难写难读，但似乎其他用途不多。北方方言中，也少见用，大致只用作“夹”，所有字典、词典好像都不得不收此字，却又例举得很简单，无非就是指“搛菜”。但苏州人用得挺多，因为一日三顿，每顿要用它进食，而且，也不尽都用于进食。如果一枚金戒指掉在较深的石缝中，手臂太粗，伸不进，如用筷子或两根像筷子似的木条把它“夹持”出来的话，苏州人仍称为“搛”——“把金戒指从石缝里搛出来”。

筷子既然是用于搛东西的，怎么叫作“搛着一筷吔”呢？是用筷子搛筷子吗？不对。这里的“搛着一筷子”，是“被筷子搛着一下”的意思，也即指被人家抓住某个把柄或软肋、弱处，进而被人家借此做点文章。弹词《玉蜻蜓·沈方哭更》（表）：“沈方在敲更辰光骂强盗，马公多心哉。因为俚做过强盗格，想今朝要告诉大众，教训教训这个更夫，哪是俚搛着一筷吔哉。”

例句：“倷发誓不再吃香烟，偏偏昨日倷吃小王喜酒时，吃了根喜烟，被倷丈母娘看见。这次被倷丈母娘搛着一筷吔哉！”

前面已说，筷子，老苏州称作筷呒，用了这个不常见的“呒”字，就让我想起近来某报刊登的关于苏州话中关于“小娘仵”的几篇商榷文章。其实，苏州人称“小姑娘”就是称作“小娘呒”的，因为“呒”字不多见，有人就用“鱼”的苏州读音写成“小娘鱼”。但“鱼”字北方方音仍作“余（yú）”，还是无法表达出苏州音，于是又有人主张写作“小娘仵”，仵字读作“五（wǔ）”，虽然这个字在苏州话与“小娘呒”的“呒”读音相同，但其意不贴切，而且还因容易让人联想起“仵作”一词，引起了人们普遍的反感。实际上苏州地方用字中，早就写作“呒”字（读作“ňg”，又读作“ň”），而且口语中用途还不少，如女儿就称作“囡呒”，孙女儿称作“孙囡呒”，小孩称作“小干呒”。代词你们就念作“呒笃”，你们两人就念作“呒笃两家头”。相反的，“仵作”的“仵”，口语中未见多用。

魏晋墓壁画上的用箸画面

三脚猫

什么本事都有点，但什么都不精到，称“三脚猫”。用来形容对知识和技艺多少懂点，但都是“一知半解”，讥讽当事人略知皮毛，不精到，相当于北方方言的“半瓶子醋”，带有几分鄙视或讥讽的色彩。原见宋代《百宝总珍集》“物不中（用）谓之三脚猫”。明代郎瑛《七修类稿》第五十一卷有“三脚猫”条目：“俗以事不尽善者谓之三脚猫。嘉靖间南京神乐观道士袁素居，果有一猫，极善捕鼠，而走不成步。循檐上壁如飞也。”弹词《大红袍·捉冷五福》差人甲（白）：“王头儿倷拜过师父练过武，有两记三脚猫格，今朝活捉冷五福全靠倷哉。”《型世言》第三十二回：“这些贵公子识古董，也只三脚猫，看得是红红绿绿便好了，自道在行，偏在不行。”《朝湘子全传》第三回：“夸奖着自家无书不读，无事不晓……其实是个三脚猫儿，一件也是不到家的。”

民间传说清代时，上海水码头有走江湖的船只歇岸，船上的拳师或江边卖艺的，常常相互切磋武艺。这些武艺人除了使棒弄枪之外，经常还能把船上的铁锚当作武器使用。据说其中有一位老拳师更能熟悉地同时耍玩两个铁锚，铁锚每只足有五六十斤重，他居然能舞动如飞。老拳师表演曾轰动一时，男女老少都爱去看。一般来说，船用的铁锚，前部都由三只抓钩组成，俗称“三脚锚”，锚与猫谐音，又暗含古代三只脚的

『江湖拳头卖一套，人人都赞工夫到。』选自清光绪图画日报营业写真

民间传说清代时，上海水码头有走江湖的船只歇岸，船上的拳师或江边卖艺的，常常相互切磋武艺

猫的故事，所以就越传越奇。起初，三脚猫多指拳脚功夫等才艺，后来又引申为其他本领。

苏州与之相类似的俗语，还有“猪头肉，三勿精”，意思也是本领有点，只是不够精（猪头肉脂肪多，不属“精肉”范畴，借此喻“不精到”）。但“猪头肉，三勿精”绝对是取笑对方的话，看轻对方的程度更厉害、更明显。而称对方“三脚猫”不一定都是讥讽嘲弄，在某些特定环境下，还可变成佩服对方的话，只是不够恭敬。如：“大家都以为这下子俚要出洋相了，结果拨俚弄成功哉。到底有点三脚猫功夫格。”这里的“三脚猫功夫”可不能换成“猪头肉，三勿精”。

例句一：“俚（他）不过是‘三脚猫’，江湖上混混可以格，要是真与正宗的少林拳相比，还差得远呢。”

例句二：“倷勿要看俚是老百晓，其实是个三脚猫，问得再深一点俚就不敢响哉！”

例句三：“还好，俚有点三脚猫格，要不然，今朝伲（我们）大家要吃亏哉。”

敨敨叉袋底

敨，动词，苏州话念作“透”，指把原先包着、扎着、团着的纺织品之类的东西（如衣服、被子、布匹、褥子等）展开后抖抖开。如家中被单上有灰尘，拿到窗外“敨敨”，抖去灰尘。临睡前，把叠好的被子打开、铺开，也叫作“敨被头”。

叉袋，指麻袋。是用麻丝、麻条交叉编织的袋子，又称麻叉袋，农村多用于装稻谷、大米、麦子、豆子等，也用于临时包装其他东西（包括食品、生活用品）。麻叉袋比用稻草编织的草袋精细、牢固，而且耐湿耐潮。若同时有麻袋、草袋的话，通常用麻袋装较好较重要的物品。麻叉袋编织细密，经久耐用，旧时市民家也常用来包装东西（比现常见的“蛇皮袋”还管用），缺乏家具、箱柜的人家，甚至用它来装衣服等重要的生活用品。

敨敨叉袋底，就是把叉袋张开袋口朝下，把东西全部倒出来，甚至把叉袋底从里面翻出，以表示把装在袋里的所有物品全部拿出来（现在的网络语言称之为“晒”）。比喻把家当或秘密全部亮出来，有时又简称作“敨底”，含有彻底披露真相之意。

例句：“我就敨敨叉袋底，亦只有这一万来块钱了。”

有时，也特指把某桩事件、秘密“交底”的意思。

例句：“干脆向倷敨个底吧，老王不是小王的亲生父亲！”

江西人觅宝

苏州人富裕，衣、食、住、行都比较讲究。其中，对“饮食”尤为注重，可以说是孔子“食不厌精，脍不厌细”的忠实执行者。因为注重食物，连带食具也精美起来，所以“碗盏家生”之类的盛器，多为江西景德镇出品。旧时苏州多瓷器店，而其中景德镇瓷器尤受人欢迎。除此之外，还有许多商贩肩挑景德镇瓷器（大大小小的碗盏盘盆乃至各式花瓶、摆设）穿街过巷叫卖。这类商贩多自称江西人，以示自己的货物为正宗江西货。

商贩上门推销货物、做买卖，有个特点：现钞现卖，当然最好，但也可以“以物换物”（这或许是古代“贸易”的遗风）。即用他的货担上的瓷器换你家中的杂物。货主就凭一双慧眼，在你家中破旧的、多余的、废弃的东西中，挑出他认为有用的来互相交换。而且，常常让你感到自己家的东西换他的瓷器，物有所值，不吃亏。这样一来一去，许多人都知道了，都乐意将家中杂物换他的瓷器。人总有一个心理：拿现钞出来，有些肉痛，比较乐意将多余废弃物换要用的。苏州人当然知道，千做万做，蚀本生意不做。这些商贩之所以乐意以物换物，他们绝对有利可图。但话又要说回来，家中无用或多余的杂物，自己又没有渠道或精力去“变废为宝”，与其闲着不如换来崭新的景德镇瓷器，派派用场。因此，这些肩挑江西瓷器来“贸易”者，相当受人欢迎，从业者也多，慢慢地就给本地人一种印象，没用或用处不大的东西，在江西人眼中都是宝贝，“江西人是识宝的”，“江西人能够觅宝”。

“江西人觅宝”慢慢就成了苏州人的口头禅，往往一提到“江西人”，老苏州不由自主地就会讲“江西人觅宝”，至于有没有下文，并不重要。江西人识宝，江西人觅宝，在苏州早就成了典故，甚至还衍生了许多

民间故事。其中有一则故事说，苏州阊门外广济路有个老地名，叫木耳场，为什么称作木耳场呢？传说巷内旧时有个专医耳朵的郎中（医生），在巷口挂了个一人多高的木制耳朵，以作广告牌（就好像眼科医生，爱画个大眼睛一样），日子久了，这木制的大耳朵成年累月经受风雨吹打，变得又脏又破又旧。某天，一位江西人路过，却向郎中提出要高价收买这个木耳朵。郎中很奇怪，只是觉得广告牌又脏又破，太难看了。于是，他趁江西人回家取钱时，特意将木耳朵放在河里洗了个干净。江西人提款过来一看，大惊失色，不愿再买这个木耳朵了。原来，江西人起先发现木耳朵的耳廓内躲着一只千年蜘蛛，这蜘蛛腹中藏有一颗夜明珠。当主人将木耳朵放在河里洗时，蜘蛛受惊逃走了。既然没有蜘蛛了，江西人当然就不愿再买了。2009年我在编写《苏州老街志》时，曾将这故事录在“木耳场”条目下，以为就是它的出处。因为“文革”前，我也确实见过硕大的“木制耳朵”。2011年夏冰先生在审读我的书稿时，觉得有趣，就亲临木耳场踏勘，并寻访故老。结果证实，木制耳朵的广告是有的。但并不是放在木耳场巷口，而是挂在城内养育巷水泼粉桥附近，是顾君安医师挂放的，与传说中木耳场专治耳疾的郎中无关。幸亏夏冰先生及时相告，才避免了我“张冠李戴”的错误。但这个故事却在苏州广泛流传，中心主题还是江西人觅宝。有意思的是，太仓有“东乡人识天，西乡人识宝”一语。太仓东边临海，海上天气变化大，当地人经过长期观察，熟识各种气候征兆，故能识天。但西乡人识宝，不知缘由何在，不会只是将西与东匹配相对吧？莫非与江西人觅宝有关？待再考。

『磁器江西妙，销场到处好。』

『碗盏家生』之类的盛器，多为江西景德镇出品，旧时苏州多瓷器店，而其中景德镇瓷器尤受人欢迎

拨倷乘仔白船，还嫌杉木气

这句话中，“拨”，给的意思，拨倷，就是给你；仔，了的意思。通句是说：给你白坐了船，反而让你嫌船上“杉木气”重。意思是说，让你占了便宜，你还嫌这嫌那。白船，这里有两层意思：一是指新做的木船，还没有涂上桐油，故称“白船”；二是指免费乘船，叫作“乘白船”，就像免费看戏，苏州话叫“看白戏”一样。木船通常是用杉木打做（杉木材质轻，防水功能好，不易朽烂），给你免费乘了船，你不感谢，反而嫌船上有杉木的“木腥气”。

苏州水乡，旧时交通以乘船、行船为主，而当时船只都用杉木打制，所以生活中逐渐有了这么一句熟语。

此话（如浒关一带）又叫作“拨倷乘仔网船，还嫌桐油气”，意思是一样的。通常木船下水前要涂几层桐油，涂了桐油的船只不仅防漏，也更防腐，就和家具外面涂油漆那样，既实用又美观。“网船”指水乡专用于打渔的渔船，渔民长年住在船上，为了蔽风雨，通常在船身涂好几层桐油，涂得很厚。网船，一般是不载客的，现在破例让你乘坐了，你还嫌网船上浓厚的桐油气刺鼻！

苏州水乡，旧时交通以乘船、行船为主，而当时船只都用杉木打制，所以生活中逐渐有了这么一句熟语

本语比喻某些人占了便宜，得了方便或好处，不仅不感谢对方，反而“得了便宜还卖乖”，嫌这嫌那。这比喻含有轻微的批评，可却是善意的，往往带有幽默或说笑成分，不是充满敌意的贬义词。

例句：甲：“侬送我的图画太大了，还要我请人拓裱，真麻烦。”乙：“送侬一张画，又不收一分钱，侬还嫌麻烦？真是拨侬乘仔白船，还嫌杉木气！”

柒

讲鬼话

——『鬼话连篇』的心理注解

鬼是人间造，造鬼闹人间。做师娘的必做鬼，小鬼迷翻了张天师。若是胆大又心细，破了它的鬼画符，戳穿西洋镜，皆大欢喜。敬鬼神，却不迷，这就是苏州话劝人的善意。

阎罗王格爷——老鬼

这句话中没有难解的字，但有两个字的读音，苏州话与北方方言很不一样。阎罗王的“罗”，苏州人念作“隆”或念作“落”。另外，鬼字，苏州人念作“举”，小鬼就念作“小举”，鬼头鬼脑，念作“举头举脑”，老鬼自然就念作“老举”。当然按照书面语言，鬼还是应当读作“轨（guǐ）”，比如“牛鬼蛇神”和“日本鬼子”中的鬼应当读作“轨（guǐ）”，这个读音应该是苏州人受普通话的影响而来的，但是，老一辈的苏州人也还是念作“举”的。记得“文化大革命”后期，我与王乘六先生谈起“文化大革命”初的那篇文章《横扫一切牛鬼蛇神》，王先生还是念作“横扫一切牛‘举’蛇神”。我忍俊不禁，并因此谈及“桂鱼”的“桂”字。桂鱼，苏州人称“鳜鱼”，不仅声音念作“举”鱼，连带写也写作“鳜”字了，苏州方言的“花头”真的太多了。

言归正传。所谓“阎罗王”，就是民间神话或迷信传说中主管阴间的阎王、阎罗，苏州人习称阎罗王。按照迷信说法，活人的世界为阳间，死人的世界为阴间，人死了变成鬼，阴间里全是鬼，阎罗王自然也是鬼。轮到阎罗王格（的）父亲（苏州话称父亲为爷，祖父为阿爹），辈份上大了一辈，当然是“老鬼”了。但此语中的“老鬼”，不是相对于“小鬼”的“老鬼”，而是转义为经验丰富、处世老练，或指老于世故者。例句：

《五七阎罗大王》 宋·陆信忠绘，现藏日本永源寺

所谓『阎罗王』，就是民间神话或迷信传说中主管阴间的阎王、阎罗，苏州人习称阎罗王

“他才不会上当呢，他是阎罗王格爷——老鬼。”此语带戏谑成分，在略带贬义的时候，相当于上海话中的“老屁眼”。

有时，阎罗王格爷——老鬼，苏州人又讲作“阎罗王格阿爹——老鬼”，意思是一样的，指的都是富有经验或城府很深的人。但此语绝不是褒义，不能用于自己特别尊敬、特别崇拜的人身上。而多用于不是太受人尊敬的人身上，它与形容词“老奸巨滑”恐怕只差一步之遥。

《仿宋人张天师像》 清·郎世宁绘

传说道教中的张天师，最善于识鬼与捉鬼。妖魔鬼怪怕的就是张天师，遇到张天师，任何鬼魅都无所遁形，只能原形毕露

鬼迷张天师

传说道教中的张天师，最善于识鬼与捉鬼。妖魔鬼怪怕的就是张天师，遇到张天师，任何鬼魅都无所遁形，只能原形毕露。因此，如果张天师被鬼魅迷住，这就反常了。此语古代又称“张天师吃鬼迷”，“吃”就是“被”。明代凌濛初《初刻拍案惊奇》第三十一卷：“东山呆了半晌，捶胸跌足道：‘银钱失去了也罢，叫我怎么做人？一生好汉名头到今日弄坏，真是张天师吃鬼迷了，可恨！可恨！’”清代王有光《吴下谚联》中有“孔夫子不赖学，张天师被鬼迷”一联。在“张天师被鬼迷”条下，作者是这样写的：“此谚说亦有四，或曰：‘天下尽多意外事，天师亦有鬼迷时，是以君子常防小人不逊。’或曰：‘天师猝然嗣位，法力未必精深，故鬼得而迷之。’或曰：‘道高一尺，魔高一丈，故天师被鬼迷之，无足怪者。’或曰：‘鬼物最善迷人，适会天师，乘其不备，从而迷之，退而夸于众，谓我能迷天师真人也，何况余子！’岂知功曹传令，将帅施威，上张天罗，下布地网，擒鬼之魂，灭鬼之魄，当此之时，鬼其追悔亦何及哉！”

苏州话“鬼迷张天师”中的“鬼”，当然也念作“举”，这样念起来，格外顿挫抑扬。此语作为贬义，也含有几分戏谑：原来应当张天师捉鬼，现在张天师反而被鬼迷住了。常用来比喻原本是很有权威、很有能力、很有识见的大人物，因种种原因（如贪财、贪色等）一时大意中了部下或奸邪小人、无名之辈的圈套。也时常拿来形容沉湎于酒、色、财、气中不可自拔。

例一："平常他蛮清廉的，从不占公家和私人一点便宜。这次怎么……唉，真是'鬼迷张天师'。"

例二："老王平常没有什么爱好，也蛮节约，这次竟拿出全部存款，好几十万元，去买了块石头！想发财吧？真是'鬼迷张天师'！"

本语有时后面又加"有力呒处使"。当全句变成"鬼迷张天师，有力呒处使"时，就是用来比喻：本来完全有能力解决的，却因某种原因，使不上力了（天师法力一向很大，因为被鬼迷住，不能使法了）。

例句："老王修车最在行，现在眼睛都睁不开，如何修车？真是'鬼迷张天师，有力呒处使'！"

亦做师娘亦做鬼

这里的师娘，不是指老师的妻子（师母），而是专指旧时从事迷信活动的巫婆，她们还有个可笑的俗称“掼勿煞”。掼，苏州话指跌交、跌跟头，将东西往下掷，也叫掼。煞，即死亡。因为师娘在装神弄鬼时，借口“鬼神附身”，总是又蹦又跳，一会儿滚地，一会儿跳起，一会儿又跌下，吐白沫，翻白眼，胡言乱语，装作“中了邪”或“鬼附身”。但事后又像正常人一样，似乎总是“跌不死”，苏州话就讲“掼勿煞”。

师娘同张天师一样，是捉鬼、压邪、能通鬼神的高手，应当是“正面人物”，但有时居然又扮成鬼，成了“反面人物”。苏州人就把既做好人又做坏蛋的称作“亦做师娘亦做鬼”，比喻两面派，当面一套，背后一套，或既扮红脸又扮白脸。苏州人还形容另一种两面三刀的人为“既做婊子又立牌坊”，是指他们好话说尽、坏事做绝，程度上就比“亦做师娘亦做鬼”更严重了。

例：“你不要看他笑嘻嘻，帮着说好话。背后告状说坏话的，很可能也是他。哼，这种人亦做师娘亦做鬼，见得多了。”

落水鬼

“鬼”在苏州话中，使用频率很高，是不是苏州人特别迷信，特别迷信鬼神？

在古代，吴地（当然包括吴文化发祥地苏州地区）吴人，确是非常迷信鬼神，正如范成大《吴郡志》卷二所说：“吴之士风习俗，《隋志》详矣。江南之俗，火耕水耨，食鱼与稻，以渔猎为业……其俗信鬼神，好淫祀。”顾颉刚《苏州史志笔记》也说“吴俗敬鬼神而尚巫觋”。

实际上，很多时候，“鬼”在苏州话中，并不是指人死后变成的鬼，即鬼神的鬼，而是“话搭头”（类似口头禅）。如骂人“小气（器）鬼”（有时也称“小头鬼”），无非是指人天性小气、吝啬；一个人如果吃饭狼吞虎咽，吃得凶，吃得多，就好像饥饿太久，见了食品不要命地吃，会被人笑骂作“饿煞鬼”；一个人如果特别怕热，别人还穿着夹衣，他却赤膊上阵了，而且还不断地叫“热”，恨不得把皮都剥掉，就会被人戏称为“热煞鬼”；老于世故者被称作“老鬼”，小孩被昵称为“小鬼”；不讲究卫生的被称作“邋遢鬼”，等等。当然，有时“鬼”似是指鬼神之鬼的，如“吊煞鬼”，原意指上吊而死变成的鬼，但通常指吊死之人，如“他的父亲是吊煞鬼”，意指他的父亲是上吊死的，并不是指变成了鬼。而“僵尸鬼”，虽然是指“僵尸”，但通常也只是形容某人表情呆滞，行动僵硬，是骂

《水图卷》南宋·马远绘，共十二段。此图为云舒浪卷、湖光潋滟、层波叠浪

人像僵尸一样，并不是指他已死变成僵尸。近代以来获死罪的多被枪决，所以又出现“枪毙鬼”的话，无非是指该罪犯被枪决的，或许也只是诅咒，意指“死胚”。

用得较多，含义较为复杂的是苏州话“落水鬼”。

苏州是水乡，江河湖荡，不知其数。由于水城广阔，水网密布，乘船、玩水、游泳，甚至因水灾而不幸溺死的，或者自己投水自尽的，人数较多。迷信说法，被水溺死的人会变成鬼，这个鬼就叫“落水鬼”。鬼是要超度，另投人生的，而落水鬼要超度，另投人生，就必须找个替身即“替死鬼”不可。这种迷信说法常被人用来警示“小心落水”，特别是常用来吓唬爱到河里戏水、游水的小孩，如：“当心点，河里有落水鬼格。”“快点上来，落水鬼来哉。”意思是要戏水的孩子赶快上岸，以免被河里的“落水鬼”拖下水去。有时，干脆借口河里有落水鬼而禁止小孩下水。令人困惑的是，近代以来，科学昌明，文明意识提高，迷信鬼神的少了，但“落水鬼”的故事仍不断发生，而且常听老人说亲眼看见过“落水鬼”。

这究竟是怎么回事呢？

原来，旧时苏州人常看见的“落水鬼”，除个别人是因惊恐产生幻觉外，其实大部分人看见的，不是“鬼”，而是一种叫作水獭的动物。苏州旧时生态条件好，河湖相连，水中多水獭。水獭有个特点，每到夏秋天气闷热时，只要夜晚比较清凉，水獭就会爬上岸来，蹲在河边纳凉。月光下，黑黝黝的像只小猴子，惊惕地四处张望，稍有风吹草动，它就“噗通”一声跳下水去，这就是常被大人用以吓唬小孩会拖人下水的“落水鬼”——其实，把水獭误认为迷信中“落水鬼”也不单是苏州。苏州电视台节目主持人钱芮是安徽芜湖人，一次拍摄苏州水巷时，就跟笔者说过，她老家就把水獭称作“水猴子”，大人们也常劝说爱去玩水的孩子：“不要去河边，水猴子会把你们拖下水去的。”——显然，在那里，也把水獭认作拖人落水的“落水鬼”。芜湖地处安徽省南部，历史上也属吴国范畴，甚至也是吴方言区域，民间有类似的观念和习俗，是非常自然的。

在苏州话中，“落水鬼”有两个引申义：

“当心落水鬼讨替身”——迷信说法落水鬼投胎要找一个替死鬼，否则自己无法再投人身。苏州人讲“当心落水鬼讨替身”，就是提醒：某人为了脱离干系，正在寻找替罪羊……

“落水鬼上岸，只要衣包衣衫”——据说落水鬼是裸死，浑身精赤，一丝不挂。落水鬼要上岸作祟，首先要获得遮蔽身体的衣服。因此，苏州人讲“落水鬼上岸，只要衣包衣衫”，是比喻穷极潦倒的人，只需最低要求，但是到了一定程度，他的欲望高了，就要……

鬼画符

鬼画符一语有好几层意思。一是指鬼点子，《后西游记》第十九回："大仙见小行者灭了他的三昧真火，也自欢喜。因扯着小行者的手儿问道：'这小猴儿倒也有三分鬼画符，还不辱没了你老祖。'"二是用于指哄骗人的伎俩或手段。鲁迅《热风·随感录五十三》："扶乩、打拳那些鬼画符的东西，倒也罢了；学几句世界语，画几笔花也是高雅的事，难道也要同行嫉妒，必须声明鱼目混珠，雷击火焚么？"三是民间因道士所画镇鬼祛魔的符录，笔画繁复缠绕，难以辨识，故名。《何典》第六回："那村里众狗听得，便跑来一大群，却是些护儿狗……都望着活死人窜上窜落乱咬将来。活死人吓得魂胆俱消……亏杀后头又跑上一个缠杀老道士来，看见活死人弄得走投无路，便向身边拿出一张鬼画符来，向众狗一扬，那些狗就绝气无声，尽都摇头豁尾巴四散的去了。"因道家符录繁复难识，又引申出第四层意思，常用来形容人脸上肮脏，《醒世姻缘传》第二十八回："冶陶有个店家婆，年纪只好二十多岁，脏的那脸就如鬼画符一般，手背与手上的泥土足足有寸把厚。"五是形容书法与文章拙劣，金代元好问《论诗绝句》三十三："真书不入今人眼，儿辈从叫鬼画符。"清代赵翼《壬申下第作》："举场我叹鱼缘木，败卷人嗤鬼画符。"

苏州话中，鬼画符最常见的是用来形容字写得难看，类似的说法有：

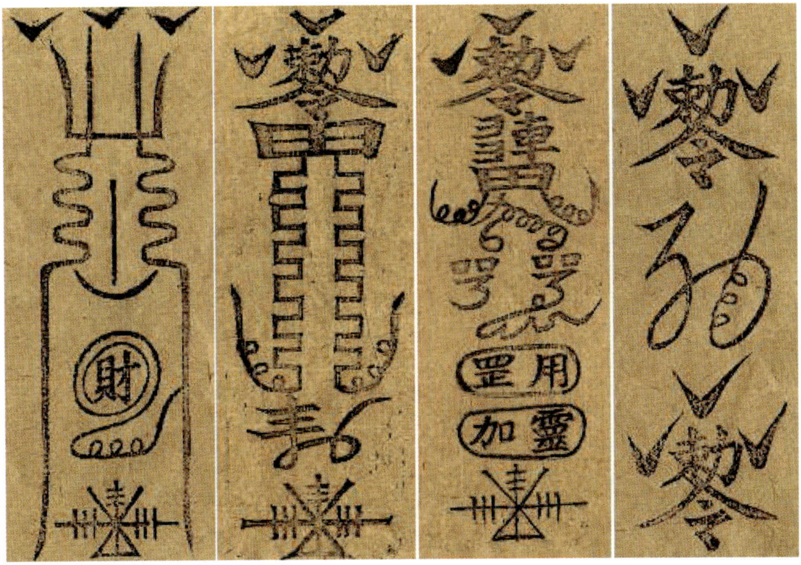

苏州话中，鬼画符最常见的是用来形容字写得难看，类似的说法有：『字写得像「蟹爬」。』

“字写得像‘蟹爬’。”

例句一：“倷看俚，人长得眉清目秀，不过写几个字，像鬼画符一样。”

例句二：“小王格（的）老头子（父亲）是书法家，但小王自己字就是写勿好，练仔几年，倷看俚格（的）道道（指写字的笔画）像蟹爬一样。老头子气煞哉，骂小王写字是‘鬼画符’。”

捌

讲史话

——苏州话中的历史印记

小到养鸟、醉酒、演戏，大到军师赤松，将军出马，元帅跟斗千在铜钿里。老鬼失匹是悲剧，只因为托人托仔黄伯伯。再现历史，就是为了记住历史，让历史不再重演。苏州话中寄托着美好的愿望。

《中兴四将图》南宋·刘松年绘
现藏故宫博物院，图中自右向左依次
为刘光世、韩世忠、张俊、岳飞

铜钿眼里千跟斗

比喻财迷心窍，整天盘算着钱财，一言一语都算计着自己能得到多少。

这是个很古老的传说，早在明代的田汝成《西湖游览志余》中，就有了相关的记载。说是南宋大臣张俊，最喜欢聚财，也最能够聚财，单是一年所收租米就达六十万斛（斛，容量单位，与“石”大略相等）。有一次，宋高宗赵构宴请群臣，一位老艺人自称能通过钱眼看人（旧时铸铜钱，中有方孔洞，故又称钱为孔方兄，苏州人则称为铜钿，孔洞称为铜钱眼），能见到钱眼里的人是什么星宿下凡。于是让他通过钱眼看，先看赵构，他说看到了，是“帝星”。让他看秦桧，他也说看到了，是“相星”。让他看张俊，他却说看不见，大家都很惊讶，让他再看一遍。于是老艺人再看后，煞有介事地说：“只见张郡王（张被封为清河郡王）坐在钱眼里！”张俊以爱财出名，艺人这么一番讥讽，就引得众人哄堂大笑了。据说张俊当场又羞又恼，气得从高高的椅子上跌了下来。张是武将出身，虽然年纪大了，身手尚在，就顺势翻个跟斗站起来。这时张俊的一名跟班正从老艺人手中夺过铜钱，往钱眼里看，见此情景，失声喊道：“张老爷正在铜钱眼里千跟斗呢！”

张俊是南宋的抗金名将，曾与岳飞、韩世忠并称三大将，但后来依

韓蘄王世忠
劉鄜王光世

岳鄂王飛
張循王俊

《铜钿眼里千跟斗》选自三希堂画宝人物卷

附丞相秦桧，并参与谋害岳飞一事，所以口碑不好。晚年被封为清河郡王，死后被追封为循王。张晚年多居于苏州（“循王府”在今侍其巷南，新桥巷北，遗址一度改为“新苏师范学校”），所以关于他“翻跟斗”的传说，在苏州人口中，很自然地讲作“千跟斗”（“斗”字当然仍念作“多”）。千跟斗与翻跟斗，虽然是同一意思，但苏州人口中念作“千”，就会联想起“猢狲千跟斗”的把戏来，充满了鄙视蔑视语气。若写作“翻”，不仅不是苏州话，也失去了意趣。

半腰里杀出个程咬金

本语一作“半路上杀出个程咬金”。程咬金，即唐初名将程知节，原名尧金，俗作咬金。在《说唐》故事中，程咬金是位可爱的人物，为人正直、勇敢，但脾气暴躁，言行粗鲁。隋末天下大乱，程咬金乘势占山为王，专做绿林好汉勾当。他力气大，又非常勇猛，以长柄斧为武器（特别是一上来的三斧头，常人难以阻挡），无论是收“买路钱”，还是打家劫舍，总是冲在前面。但武艺并不是太高，而且也不懂得用计谋，给人造成的印象是程咬金总是率兵冲锋在前，而且常常是出人意料地“半路上杀出”。原因是上山为盗，打家劫舍，总是要突然袭击，趁对方没有准备，方为有效。

《说唐》是苏州人最喜爱的评弹书目之一，因而程咬金也几乎成为苏州家喻户晓的历史人物。“半腰里杀出个程咬金”也就成了苏州闲话中常见的比喻——比喻意想不到的人物突然出现。如弹词《白蛇传·水漫》（表）：“娘娘搭（与）法海正打得要紧辰光（时候），小青跳过来：‘狗秃驴，看剑。’法海一吓，半腰里杀出个程咬金，想啥人介（心想此人是谁）？”现在也用来比喻在办事过程中，有人突然横加干涉，或在两方商量什么的时候，突然有不相干的人闯入，另议话题，打断原先安排的程序。此话略带贬义，因为这个“程咬金”的作为，有点“扰局”的味道。

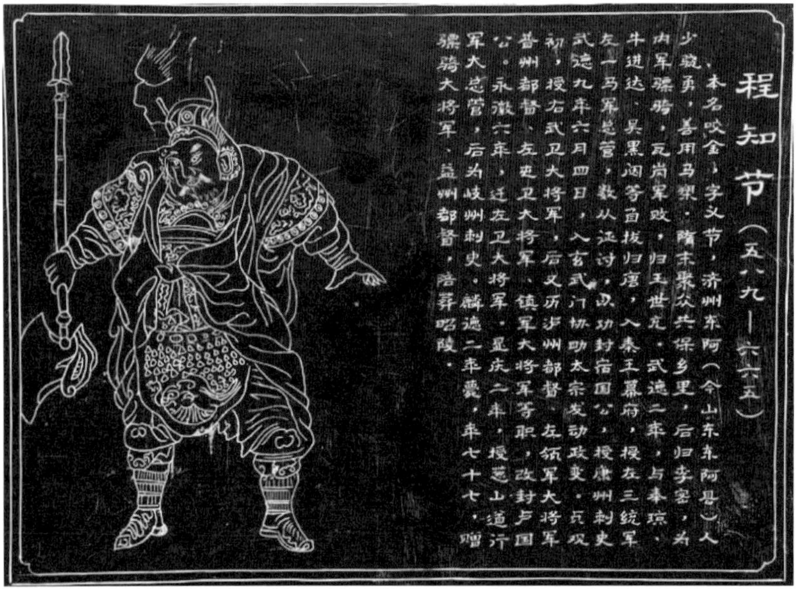

唐昭陵《凌烟阁二十四功臣图·程知节》
程咬金，即唐初名将程知节，俗作咬金。在《说唐》故事中，程咬金是位可爱的人物，为人正直，勇敢，但脾气暴躁，言行粗鲁

例句一：“老王都快同意了，小徐跑来劈头劈脑又提了好几点，使老王又迟疑不决了。唉，半腰里杀出个程咬金，拿俚呒不办法。”

例句二：“真是半腰里杀出个程咬金。两个人正好在画图，画得蛮好，阿四跑过来说去看电影，两人就跟着去了，图也不画了！”

张公养鸟，越养越小

鸟，苏州话念作“吊”。饲养鸟类，要有一定的耐心，也要有经验，如果养得不得法，鸟会生病。如果受了惊吓，鸟就会不欲进食，就会瘦下来。人家看来，这样的鸟不是越养越大，而是越养越小。

张公，指《西厢记》里的男主人公张生，他姓张名珙，字君瑞，珙、公谐音。通常姓后带公字，是尊称，如黄公、李公等，被称作某公的，总要德高望重，年纪偏大一点。张生是青年，被称作“张公”，就有几分讽刺了。在《西厢记》中，张珙是个父母双亡、功名未遂的书生，所以《西厢记》中，庙里小和尚法聪看不起他，但他毕竟是读书人，对他又不能不礼貌。弹词《西厢记·游殿》中，法聪就对张珙这么表白：“喔，相公姓张名公（珙），啊呀！倷格人呒不耐心，托倷事体做勿好格。叫张公养鸟——越养越小。”鸟越养越小，即未把鸟养大、养好，比喻做不好事情。

“养鸟”只是个由头，养狗、养猫，养得不好，或者花卉种了几年，花越开越小，都可讥讽为“张公养鸟，越养越小”。甚至在某种场合，把生意越做越小，或者某人做事，一桩比一桩糟（一蟹不如一蟹），也可比喻作“张公养鸟，越养越小”。如果某家的小孩因种种原因生病了，面黄肌瘦，而且，恰恰小孩家姓张，熟人对其父母开个玩笑，有时也

《花园采花张生喜英英》
选自山东潍县木刻年画

会用上这话的。不过，开玩笑者，必定是与其父母相熟的朋友，而且后面一定会嘱咐带小孩去诊疗，以示关心："老张，倷格小囡近年瘦得勒，倷真格是张公养鸟，越养越小了。啊要到医院去看看啊！"虽是说笑，但肯定是善意，多少带有几分关心。

需要强调的是，此话"版本"颇多，最有意思的是江苏泰州一带，叫作"张飞养鸟，越养越少"。张飞是三国时蜀汉大将，他为人粗犷莽撞，既没有耐心，又不懂得养鸟办法，诸葛亮让他养鸟，是希望培养他的耐心与细心。结果张飞养了一群鸟，鸟死了不少，最后只剩几只，所以叫"张飞养鸟，越养越少"，或者叫作"张飞养鸟，死多活少"。仔细比较，苏州版的张公，指《西厢记》中的张珙，泰州版的直指张飞。张珙养的鸟越养越小，张飞养的鸟是越养越少，甚至是"死多活少"，两者是有区别的。苏州版的，虽含贬义，毕竟还有点分寸，多了点幽默感。泰州版的幅度就大了，重点在"贬"了。而"死多活少"之类的话，就不能用于家庭养育小孩子身上，不然，就会被对方"啊要拨倷几记耳光吃吃"了。

捉兔子

酒宴上，喝高了，呕吐不已，苏州人戏称为“捉兔子”。

原来，这里借用了周文王进食呕吐的故事。著名古典小说《封神演义》对这个故事做了非常精彩的描写。（见《封神演义》第十一回、十九回、二十二回）故事说，商纣王时，西伯侯姬昌（即后来的周文王）因得罪了商纣王，被捉进监狱中，一关就是七年。姬昌的大儿子伯邑考，带了贡礼去京城为父亲赎罪，却被商纣王杀了，剁成肉酱。商纣王又下令把肉酱制成肉饼，逼着姬昌吃。姬昌明知是儿子的尸肉做就，也不敢不吃。过后想起，心中大痛，跌倒在地，昏死过去。众人用茶汤灌了几口，才苏醒过来，但呕吐不已。吐出来的肉饼，就地一滚，“生出四足，长出两耳”，变成兔子，“望西跑了，连吐三次，三个兔子走了”。

兔子是非常灵活讨人喜欢的小动物，旧时苏州人，特别是有后花园的人家，多见养兔，视为吉祥（因兔子全身雪白可爱，女眷们更把它视作宠物，爱把它抱在怀里）。这显然与上古神话月宫嫦娥和白兔故事流传有关。至今主题为“嫦娥奔月”的图画中，嫦娥怀中也总少不了白兔。但要捉它却不易，兔子胆小，见人要捉它，往往左右躲避，尤其是陌生人想逮住它，必须弯下腰来，忽东忽西，手脚并用，颇费周折。把人酒醉后呕吐，举止左右失措，形容为“捉兔子”，不仅暗扣了周文王吃肉饼呕吐成兔子的故事，还十分形象地表现了醉酒后的狼狈举止。

例句一：“昨夜的酒水太厉害了，一桌人倒有五个‘捉兔子’哉！”

意思就是说，昨夜酒席上酗酒，一桌人中竟有五位呕吐了。

例句二：“昨夜吃酒了吧？捉仔几只兔子？”

意思是问，昨夜大约是喝酒了吧，吐了几回？

《梧桐双兔图》 清·冷枚绘，现藏故宫博物院

兔子是非常灵活讨人喜欢的小动物，旧时苏州人，特别是有后花园的人家，多见养兔，视为吉祥

搭浆

做事马虎，或工艺质量低劣，不地道，苏州口语称作“搭浆”。

苏州旧时为典型的消费城市，戏剧、歌舞的从业人员多，他们演出时的服饰都是专做的（所以苏州传统的剧装戏具也发达），演出场次多，用得多，难免有扯破和开裂的时候。临演出时，遇到这种情况，就常常以浆糊搭粘破裂处来应急，这就是“搭浆”。其中，浆，指粘合用的浆糊，搭，是动词，是粘贴的形象表示。由于搭浆是临时应急之举，并很不牢靠，慢慢地就被引申为专指某人做事马虎，所做的产品工艺低下，质量低劣，而且为人缺乏责任心，遇事多敷衍、搪塞、捣浆糊，社会信用与工作效果总是较差。这个口语相当于北方方言所说“差劲”、“不靠谱”。

关于搭浆，还有个故事。传说明代末年，大诗人吴伟业来到苏州府昆山县，县官杨永言听说吴伟业酷爱昆曲，就重金邀请名妓陈圆圆前去“唱堂会”。吴非常高兴，就点了名剧《浣纱记》。陈圆圆扮演西施，临上场时，发觉杨知县准备的西施服饰不配身，太小，要另觅一套，一时到哪里去找呢？陈圆圆急中生智，竟扯开原服饰，另用棉筋纸裁裁补补，也来不及用针线缝补，就拿浆糊粘贴，戏服做好后，穿在身上，倒也合身。演出十分成功。结束后，皆大欢喜，吴伟业更是赞不绝口。但陈圆圆是捏着一把汗，提心吊胆地把戏演完的，在演出过程中，只担心戏衣脱裂，闹成

明刻本《浣纱记》根据中国明代传奇作品《吴越春秋》而改编的昆曲剧目。借中国春秋时期吴、越两个诸侯国争霸的故事表达对封建国家兴盛和衰亡历史规律的深沉思考

大笑话，所以精神上十分紧张。杨知县知道此事后，笑道：“这次算是应付过去了，下次再不能做这‘搭浆’的事了。”“搭浆”一词从此传开。

例句：“他做事向来搭浆，你把这事让他做，我看没戏。”

在这里，“搭浆”又与另一句苏州话“见数”、“见模量”义近。见数、见模量，是泛指水平低，成果少（就数量而言，是少或小），粗陋、肤浅，没有“大花头”、“大成就”的意思。

赤松

赤松，通常又写作“出送”，但意思不是送人，而是自己偷偷跑掉，溜走的意思。

溜走为什么叫作“赤松”呢?

原来，苏州西郊，有座属于苏州地界海拔最高的山（主峰大茅峰海拔三百四十一点七米，苏州地界上的“山”，一般只一二百米，实为丘陵），山势蜿蜒数十里，最为纡曲；山峰巨石裸露，最为荒古；人文故事最为神秘，这就是常被尊为太湖东岸群山之冠、苏州“祖山”的穹窿山。穹窿山，古代又称穷窿山、钟吾山，传说上古神仙赤松子，就在这里炼丹修行，如《越绝书》中就有“由钟穷窿山者，古赤松子所取赤石脂也”的记载。赤石脂，是冈行石一种，为旧时道家炼丹的原料，据现代化学分析，其成分为三氧化二铁（Fe_2O_3），赤松子在穹窿山采赤石脂，正是为了炼丹，山上至今还留有赤松子“炼丹台”、“升仙台”等古迹。

赤松子是上古知名的仙人，他在穹窿山炼丹修行，自然广为人知。据说韩国公子张良，在博浪沙行刺秦始皇失败后，遇黄石公赠兵书一部，助他反秦。张良遇黄石公的故事，就是成语“孺子可教”的来源。张良尽心尽力辅佐刘邦反秦创业。但刘邦猜忌心浓，天下初定，就开始有步骤地杀戮功臣，张良也面临“鸟尽弓藏”的局面。面对这一处境，张良留下字条“从赤松子游”，意思是我已看破红尘，不必找我。

据说，刘邦发觉张良出走，便追问部下张良往哪个方向走的。部下答道，是“朝东走的”。刘邦当即命令兵丁追捕，结果没有抓到，而张良再次跟从赤松子后，究竟去了哪里，是否真的成仙了呢？历史上也确实没有下文。

苏州人把这个故事，浓缩成一句话，就是：“赤松，赤松，一直向东，无影无踪。”意思是：偷偷溜走，再也找不到了。

“赤松”是“溜走”的换一种说法，多少有几分狼狈，好像是很“被动”。但有时也用作主动，即人们自己说自己，例如，一个人在某个事件未全面爆发时已经离开现场。事件发生后，人们为他未受到牵连而“庆幸”时，他就可以这样说：“我发觉苗头不对，老早就‘赤松’了。”这里的“赤松”，就没有通常所谓“溜走”时的狼狈相，而是表示一种明智的选择，不仅不是“偷偷地溜走”，反而有点大模大样离开现场的架势。就这个意义而言，“赤松”不是“溜走”，而是主动地悄悄撤离。

赤松子是上古最知名的仙人，他在穹窿山炼丹修行，自然广为人知。据说韩国公子张良，在博浪沙行刺秦始皇失败后，就逃到穹窿山，拜赤松子为师

赤松子

張良
文武留侯師範高皇
功成智隱神機思藏

老鬼（车）失匹

苏州话中，将富有经验、老于世故者的“失算”，称作“老鬼失匹”，有百密一疏的意思。其中老鬼的鬼，仍念作举（jǔ），“老鬼”是苏州人常用语，指经验丰富、做事老练的人，为中性词。但有些时候，带有一点贬义，在带有贬义时，它相当于骂人“老屁眼”，显得有些粗俗。因此，即使不带贬义，“老鬼”一词也不能用于自己尊敬的师长辈，比如，你可以赞扬别人“老鬼”，即赞扬别人做事很能干，但不能称自己父亲“老鬼”。因此，“老鬼失匹”多少有点贬义，某些时候，还有几分幸灾乐祸和巴不得对方有如此结局的意思在内。例如评话《包公·捉郭槐》（表）：“郭槐听见皇帝讲‘狸猫调换寡人’，叫啥一格忘形骸，露出了马脚。包拯一看，老鬼失匹哉。”

实际上，老鬼失匹的“鬼”，应是“车”字。车，古汉语中就念作“举（jǔ）”，现在的中国象棋中的“车”，仍念作“举”。在吴语中，“车”与“鬼”同音。

老车失匹，为什么就是“行家失算”的意思呢？

原来，这里的车，专指古代的战车。古代战车，以木制为主，是马匹拖着走的，它若失去马匹，也就无用。顾颉刚《苏州史志笔记》引《越地传》云：“马嗥者，吴伐越，道逢大风，车败，马失，骑士堕死，匹马啼

《吴越战争》 选自清刊本《东周列国志》

嗥，事见《吴记》。”这恐怕是“老车失匹”的滥觞。

这个故事的来历，要上溯到春秋时期。春秋时的吴国，在吴王阖闾、大臣伍子胥等君臣励精图治下，强大起来。但与南面的越国，一直争斗不断。夫差继承王位后，不仅加强了对水军的建设，同时也十分重视陆军的建设。当时的战争工具，水军靠船只，陆军主要靠战车。战车通常是每车驾两匹或四匹马，四匹驾马中间的两匹称“两服”，左右两匹称“两骖”，以皮条系在车前，合称为“驷”。战车每车载甲士三名，按左、中、右排列，左方甲士，持弓，主射，是一车之首，称“车左”，又称“甲首”。右方甲士执戈（或矛、吴钩），主击刺，并有为战军排除障碍之责，称“车右”，又称“参乘”。居中的是驾驭战军的御者（驾驶员），随身还带卫体兵器短剑。每乘战军除车上三名甲士外，还有一定数量的徒兵（步卒），这些徒兵和每乘战车编在一起，加上相应的后勤车辆与徒役，构成当时军队的一个基本编制单位，称为一乘。作战时，甲士站在车上，徒兵跟在车下，而当一方车阵被击溃后，胜负便成定局，所以当时陆上的战争，某种意义上讲，主要就是战车之间的战斗。

据记载，春秋时一般的强国，兵力就有好几百乘，甚至千乘。春秋后期，晋国的兵力一度达到四千乘。吴国因战争需要，战车与马匹同样发展得很快，现在苏州城西面的白马涧，就是当时吴国养马的地方。当年吴国靠着这种战车，多次征鲁、伐齐、败楚，越国也被吴国征服，勾践入吴国为奴。

打败越国后，吴王夫差看到作为俘虏的勾践一直服服帖帖，以为大功告成，天下太平，就释放勾践回国，并松懈了对自己军队的管理、训练，真的是“刀枪入库”，“马放南山”。战车空置着，任其朽败；马匹自由放养着，养得肥肥的，有的也就走失了。谁知勾践归国后卧薪尝胆，终于积蓄起足够的军力，再次率兵攻打吴国。吴国仓忙应战，却发现虽然“老车”还在，而战马都难以找到匹配的了，终于溃不成军，最后兵败国亡。这个“老车失匹”并最终导致亡国的耻辱故事一代代流传下来，形成了现今的民间俗语。

“老鬼（车）失匹”，也有被写作“老鬼失撇”，这里的鬼就是鬼神的鬼。鬼字的第一笔画是“撇”，鬼字少了这撇，就不成“鬼”字了。意思也是比喻即使是老鬼，少了一撇，鬼已不鬼，当然也是无用，失去“鬼”的精明了。

例句：“平时小王算得小心，出门要上两个锁，啥人晓得俚格次忘记关窗，结果拨贼骨头爬进去哉。唉，真是老鬼失匹。”

讲 张

说话、聊天，苏州话中称“讲张”，这里“讲”读作“gǎng”。弹词《大红袍·海瑞出监》（表）：“海洪走进房里，在两面板壁缝里张张（张张：张望的意思），恐怕隔壁有人，伲讲张勿能拨别人听见。”《三笑》第十三回：“句句才是药，可惜药对症。既然想勒里白吃苦末，回敬介几味再讲张。”

为什么苏州话“讲张”就是说话、聊天呢？通常认为这是与吴王张士诚有关。张士诚是元代时泰州的一个盐贩子，元顺帝至正十三年（1353）张士诚率领盐丁造反，攻克高邮等地后，渡江南下，攻下了平江（苏州）、松江、常州等，并建都平江，称吴王。张士诚统治苏州十多年，最后为朱元璋打败，被俘后自缢身亡。据说张士诚在苏州时，为苏州人民做了不少好事，张自杀后，苏州人十分痛惜。特别是朱元璋攻占苏州后，对苏州人政治上实行了高压，经济上课以重税。苏州人将其与张士诚相对宽松的统治相比，越加觉得张士诚宽厚仁慈，也就越加怀念他，经常在一起聊天回忆以往的日子，自然而然也就谈论着张士诚。这就引起了朱元璋的忌疑。朱元璋为了加强统治，严令地方官员监视民间动静，于是“谈论张士诚”就转入地下，而且往往简称作“讲张”，以免引起麻烦。

这个说法有没有根据呢？应当说有几分在理，但仔细分析，也不尽

《张士诚纪功碑石刻》元
张士诚纪功碑记录了张士诚降元后款待元使伯颜的场面，是一件有历史价值的元代纪事石雕艺术精品

合理，既然张士诚死后，苏州人说话叫作“讲张”，那么在此之前，聊天说话，又称作什么呢？

实际上，“讲张”是从“讲章”或“讲争”演变讹称过来的。讲章好理解，《九尾鱼》、《歇浦潮》里，都把讲话写成讲章。讲争呢？其实争在苏州话中，也念作张，如“争气”、“争多嫌少”的“争”，苏州话都念作“张”，正如王梦沂以及网名叫作“吉格罗多”所主张的，讲话应是讲争，北方语言中把争与吵架联系在一起，如争吵、争斗等。而在苏州话中，则把“争”同讲话联系在一起。讲争，只要不破口、不动手，哪怕面红耳赤，碰台拍凳，还是“讲章”范围内。苏州话高雅文明，只“争”勿吵，只“争”勿斗，争不出个所以然来，就请个“老娘舅”（德高望重的老先生）作中人仲裁，或到茶馆里去吃“讲茶”，继续“讲争”，直到风平浪静，握手言欢。

讲争，含义比“说话、议论”要更广更深。谈家事，说短长，叫“讲争”；谈工作，比好坏，是“讲争”；评时事，辨是非，是“讲争”；论学术、摆观点，仍为“讲争”。若天下人都是如此“讲争”，像苏州那样，只争不斗，只争勿吵，这世界岂不文明高雅！

讲张是“讲争”或“讲章”讹演而来。同时，后来也深化得更加精细：轻声讲话，苏州话叫作“小讲张”；而长时间聊天，大声讲话、大声议论，甚至就有争吵之势了，苏州话则称作“大讲张”。

例句一：“上面老师勒浪（在）讲课，倷在下面就勿要小讲张哉！”

例句二：“我勒浪（在）等倷，倷倒在外头大讲张！”

例句三：“勿好哉（不好了），倷刚刚说要扣奖金，俚笃（他们）就勒浪（在）大讲张哉！”

托人托格黄伯伯

托人托格黄伯伯，一作“托人托仔黄伯伯”，比喻把某件事情托付了不负责任的人，即“所托非人”。弹词《白蛇传·起解》差役（白）：“我叫小伙计买一只火腿，三十个皮蛋，一只酱鸭，送拨许仙格，那哼到现在还勿来呢？托人托格黄伯伯，真正该死。”

“黄伯伯”指轻诺寡信（不守信用）之人、健忘之人（答应得嗷嗷应，忘记得干干净）、不负责任之人（没有责任心）。

“黄伯伯”为什么就是不负责任的人呢？

这就必须提到苏州的另一句俗话“黄六”。

凡是托人办事没有办成，或者计划落空、希望破灭，好事没有成功的，苏州话都叫作“黄六”。其实“黄六”是一个历史人物，指的就是唐朝的黄巢。黄巢排行第六，人称“黄六”。在唐朝历史上，他是一个知名人物，他领导的“农民起义军”动摇了唐政权的基础。旧时传说他年轻时是一个不安分、容易闯祸的人，还会使诈。许多事，只要有他在场，总会搞砸，所以后来凡事情办糟了，或好事落空，都可称作“黄六”。翟灏的《通俗编》和孔仲南的《广东俗语考》中都有类似的记载，广东人甚至把江湖医生（庸医）径称作“黄六”。黄六，又讹称作“黄落”，望文生义，则联想起秋天树叶由青绿变为枯黄，最后脱落在地，叫作“黄落”，进而又衍变成“黄”、“黄脱”。“这桩好事黄脱哉”，就是说“这件好事落空了”。“此事我看要黄”，就是表示讲话的人（“我”）认为“这事危险了，要失败”。但这话中包含的遗憾要多于愤怒。

另外，“伯伯”在苏州话中，是“大伯”的意思，即女子当了别人面，称自己丈夫的哥哥。但是，“伯伯”前若加个“老”字，则是儿女辈称自己父亲的哥哥，但“老伯伯”（有时也简称作“伯伯”）还有更广义的指称。苏州风俗，凡对年纪较大的男子，无论识与不识，称之为“老伯伯”，就像称年纪较轻的男子“叔叔”一样，都是尊称。但苏州习俗，当本人年纪大了，称比自己年龄稍大的人为“叔叔”似有不妥，称“老伯伯”似乎更显得尊重对方，所以“老伯伯”在苏州人口语中用得比“叔叔”多。“苏州老伯伯”还常常被外地人作为调侃的称呼。正因为如此，“黄伯伯”就可理解为姓黄的老伯伯，无意中就将“老伯伯”与“黄六”联系起来，就有点坏事的意思了。

例句一：“唉，我一再让张师傅给带个口信，关照小王早点回来，张师傅总是忘记，真是托人托格黄伯伯。”

例句二：“我让他代我买本《现代汉语词典》送给小张，结果他买了本《英汉词典》送给小张，真是托人托仔黄伯伯。”

千年文书好合药

合药，指配制药物，原是汉语常用词，早在《抱朴子·外篇》中就有“虽有起死之药，犹谓之不及和、鹊之所合也”之句。唐代张籍《夏日闲扉》：“药看辰日合，茶遇卯时煎。”皮日体《新秋言怀寄鲁望三十韵》：“合药还慵服，为文亦懒抄。”《儒林外史》第六回：“费了几百两银子，合了这一料药。”佛经中也有《千手千眼观世音菩萨合药记》。近年在网上还见到一部民间医药手抄本，它包含名家经典方法和未见文献记载的私家秘方心得，名字也叫作《合药总簿》。

“合”字，在苏州人嘴里，往往念作“葛（gé）”，而不是念作“盒（hé）”。例如：“合算”，苏州话念作“葛算”；作“合伙”意义上讲的“合淘”，苏州话念作“葛道”；两个人撑用一顶伞，苏州话是“两个人‘葛’一顶伞”。主动邀某人一起去（活动），苏州人也叫作“葛”。“我‘葛’小王一起去轧神仙”，表面看，是“我和小王一起去轧神仙”，实际上包含了我主动地邀小王一起去的意思在内。

“合药”，苏州话也念作“葛药”。千年文书好“葛”药，是苏州人常用的一句俗语，意思是比喻长远弃置不用之物，有时却能直接起到很大功用，“派上大用场”。弹词《玉蜻蜓·三搜庵堂》（表）：“芳兰在云房里搜着一尊香佛，问这是啥个佛？三师太回答勿出，老佛婆说是一尊‘欲

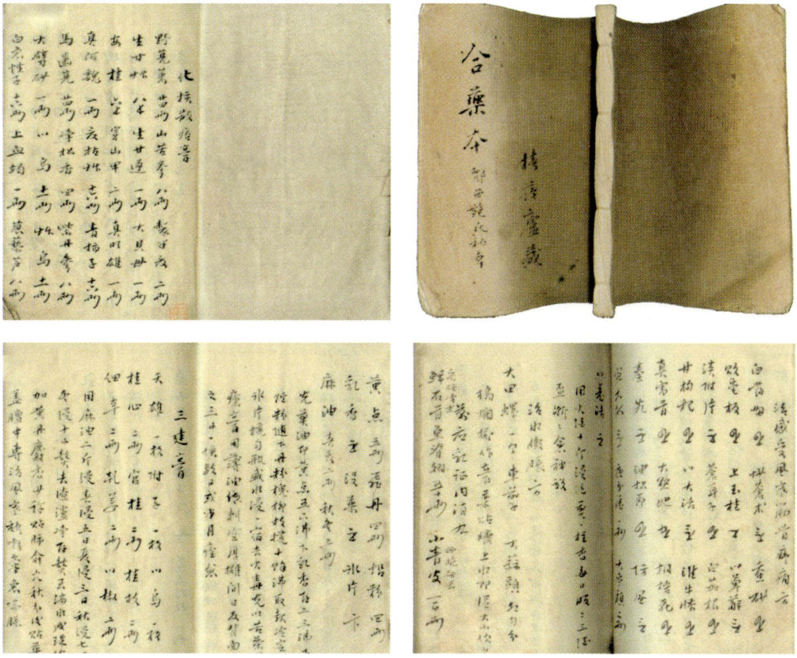

《合药本》清或民国郧西范氏秘本
一部民间医药手抄本，它包含名家经典方法
和未见文献记载的私家秘方心得

佛’，因为俚听人家讲过格，这叫千年文书好合药。”在这里，“千年文书”喻作东西（物件），内涵比较广，不管是否是文字之类的，只要是古旧的，都可指称。但是现在这句话中的“千年文书”通常用来比喻古旧的文字资料，可予佐证某事某物。其他古旧物件，喻为“千年文书”的已不常见。

那么，就本义而言，“千年文书”能不能做药呢？能。在传统中医中，用作“文书”的纸张，是可以入药的。明代李时珍《本草纲目》三十八卷（服器部），对纸的入药有详尽的罗列，对各种纸如楮纸、竹纸、藤纸、草纸、纸钱，甚至青纸、印纸、桐油伞纸的制药办法、药用功能，都做了介绍。尤其对“历日”，即我们现在说的“皇历”的入药，特意“集解”

道："太昊始作历日，是有书。"并在"主治邪虐"之后，还特意注明"用隔年全历烧灰，做药丸"。做纸的原料为植物茎叶、树皮等纤维，能入药本在理中，非要用"老皇历"当然有些故作神秘了，但对于古人，我们不必苛求（旧时医巫不分），只要知道古人是有这种做法就行。废旧纸张既然能够入药（特别是"老皇历"），"千年文书好合药"也就合乎情理。

近代发现的三千多年前的甲骨文，为"千年文书好合药"做了生动有趣的佐证。清光绪二十五年（1899），国子监祭酒王懿荣因患疟疾，按郎中药方到宣武门达仁堂中药店购药材。好友刘鹗（《老残游记》作者）发现王家购得的一味药材"龙骨"上刻有奇怪的符号。对古代文字素有研究的王、刘等，经过仔细考证后认为，这是一种古文字，以前从未见过。于是，他以每片二两银子的价钱，将达仁堂内刻有符号的龙骨（其实是龟甲和兽骨）全部买下。经过精心研究，确定这是我国起码是三千多年前的文字，因为刻写在龟甲、牛骨上，故称甲骨文。精明的药商和药店老板也从中嗅出商机，借此机会推销自己的药材。"千年文书好合药"终于有了"眼见为实"的凭据。当然，这已是后话。

例句一："老先生忽然找到了已失踪的房契，上面清楚地注明房主是他，当然足可证明他的房产所有权了，真是'千年文书好合药'呀！"

例句二："你别看这些发票、收据、文件，甚至通讯录、会议记录等乱七八糟的，都是档案资料呀，将来要查什么，或编什么志书之类的，就派上大用场的，老话说得好，'千年文书好合药'。所以，我主张把它封存藏好，说不定什么时候就有用了。"

木渎巡检司，吃饭（粮）不管事

拿了报酬不干活，用时兴的话说，就是占了官位“不作为”，苏州人把这种情形，叫作“木渎巡检司，吃粮不管事”。

巡检司是古代最基层的一级衙门，这个衙门的最高长官称巡检。宋代时，巡检开始职官化，出现了巡检司机构，如巡检、都巡检使、同巡检使、捉贼巡检、驻泊巡检等。因其名号而功能不相同，设置于不同层级，具有准军事组织性质，在地方上组织、训练民兵，防御，有时还能参加局部战斗。顾炎武《日知录》说：“……巡检，即古之游徼也。”

苏州地区的巡检司，就设置于宋代，集中于太湖沿岸与重要塘浦的出海口。明清时，巡检司的巡检为九品之末品（从九品），官位极为卑微，但在州县行政框架中，尤其是从基层治安的视角来看，巡检司则是一个重要机构。

北宋、南宋两代，苏州先后设置的巡检司有：平望巡检司、甪头巡检司、震泽巡检司、吴县长桥巡检司、汾湖巡检司、同里巡检司、昆山巡检司等。元代，在苏州府设置了更多巡检司，吴县的木渎巡检司、胥口巡检司、昆山的巴城巡检司、嘉定的中槎巡检司、吴塘巡检司都成立于元代。巡检司的主要职责是维护社会治安。明清时代苏州巡检司多驻扎于市镇，在实际行政中还经常兼任非制度性的职责，包括水利、诉讼、

教化、赈济等事务。明初在苏州各县设置了大量的巡检司，平均各县有四五个，如吴县增设了吴塔巡检司、东山巡检司、塘浦巡检司，长洲县增设浒墅巡检司，常熟县增设黄泗浦巡检司、甘草巡检司，太仓设刘家港巡检司、茜泾巡检司，崇明县增设平洋巡检司、三沙巡检司、西沙巡检司。明正德之后，部分巡检司裁撤。

巡检司作为治安机构，其所依靠的武装力量即是弓兵。苏州巡检司所领属的弓兵从明代到清代，总体趋势是逐渐减少，巡检司的驻地因地理与社会环境的不同而不同，并随着时代发生变化。苏州吴县、元和县、长洲县为苏州城附郭县，又濒临太湖，北面又有浒墅关，因此三县所属巡检司的驻地分布多与以上相关事务有关。如甪头、东山巡检司驻于太湖之洞庭西山、东山，控扼太湖，是明清两代一直维持的格局。木渎、吴塔两巡检司，分别驻于浒墅关南面的木渎镇和东面水路上的蠡口镇。木渎巡检司在明初还负责浒墅关西南往来船只的稽查；清雍正年间，吴塘巡检司还迁驻于浒关镇。

巡检司除缉私、治安外，还有承担解运犯人、银米、参与诉讼等职

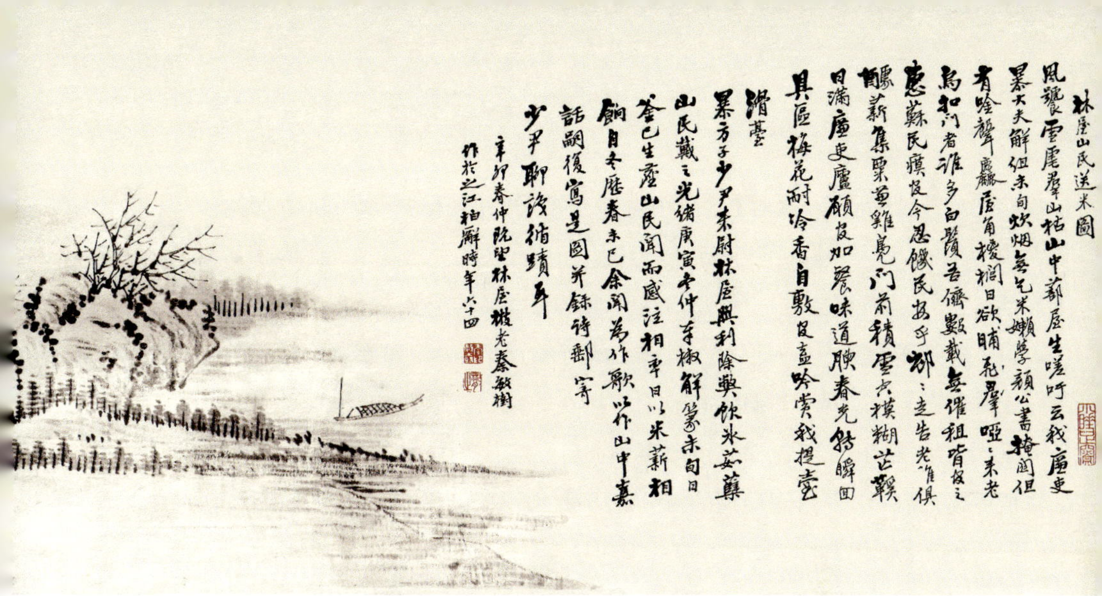

《林屋山民送米图》 清・秦散之绘

责，教化与赈济本不是巡检分内事，但因为是“行善”，总体上不会被人反对，也常常被列为巡检有功于乡里的德政。

清代，苏州有个以清廉著名的巡检，叫暴式昭。光绪五年（1879）暴式昭任震泽县平望巡检司巡检，三年后回家“丁忧”（古代，父母去世，儿子不管做了多大的官，都要向皇帝申请辞去官职回家守孝三年，这个行为过程叫“丁忧”。当然，皇帝也有权力不批准，但皇帝不批“丁忧”的情况很少。皇帝不批准的行为叫“夺情”）。光绪十一年（1885）“丁忧”期满的暴式昭又担任了吴县甪头（洞庭西山）巡检司的巡检。他热心于当地的文化，自己出资对古迹遗址进行整理，与居于太湖洞庭山的文人多有往来，赢得了百姓的赞誉，却为苏州知府所忌。光绪十七年（1891）冬，暴被知府弹劾，被斥为“性情乖张，行同无赖”，而被撤职。暴卸职时，大雪封山，滞留西山，因无积蓄，衣食无着。洞庭西山士民闻讯后民情涌动，自发为暴式昭送米送粮。当地名士秦散之特为此事绘制《林屋山民送米图》。许多名人都有题咏，轰动一时。

暴式昭在担任平望巡检司巡检时致力于“纠正”当地风俗，如查捕赌局及开设赌局者，反对和劝诫溺毙女婴的习俗，处理“抢醮”现象等。由于暴的行为已越出了自己管辖范围，在府州、县主官看来，显然过于活跃了，“以越境擅理见斥”，被当时兼任震泽县的吴江令斥责。府州、县主官并不希望小小的巡检在地方上的行动过于积极，如果巡检与当地士绅关系密切，对府州县主官就有了潜在的威胁。因此，府州县主官总是严格地限制巡检，以保证行政事务在自己控制能力之内。正因为主官的严格控制，大多数巡检司的官员都尽量“不多事，不惹事”，因而给人以“吃饭不管事”的印象。

既然巡检司巡检的作为都被严格控制，那么苏州闲话中为什么独独说“木渎巡检司”呢？

原来，木渎巡检司主管的是阊门、胥门、盘门、木渎、横塘、新郭等地方的稽查。这些地方交通发达，商业兴隆，都非常繁华，是吴县乃至整个苏州府的税务重镇，或者说是府县“捞横财”的好地方，这么好的地方，是容不得巡检染指的。因而，木渎巡检司巡检的权力基本上是被架空的。

另有民间传说：当年乾隆皇帝下江南时，在木渎客栈受到老板格外

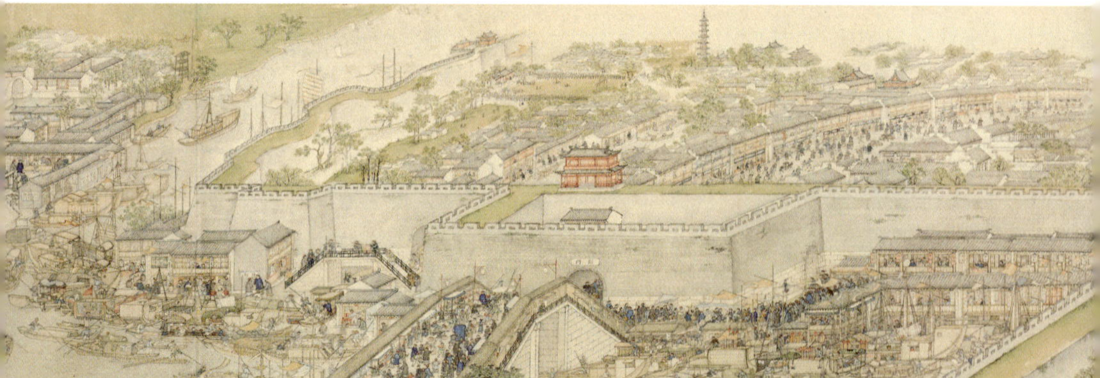

《姑苏繁华图》局部阊门段
清·徐扬绘

的优待，因身无分文（皇帝出门经常不带钱，这个故事是很老套的），于是修书一封，让老板去抚台领钱。老板见了抚台，不仅领到了赏钱，还被封了个“木渎巡检司巡检”的虚衔，不用他做什么事的，所以民间有了“木渎巡检司，吃粮不做事”一说。其实，这个故事只能当故事来听，当不得真。因为，在乾隆十一年（1746），木渎巡检司就迁址光福，改为光福巡检司，木渎的事务由吴县县丞来管理了。而史料记载的乾隆第一次南巡，是在乾隆十六年（1751），其时，木渎巡检司已不复存在五个年头了。

说“木渎巡检司，吃粮不管事”的另一个原因，与苏州方言有关。木渎的“木”字，在苏州话中有“不活络、不勤快”的意思，苏州话“木头木脑”、“呆头木息”、“木知木觉”等，都是这个意思。苏州话中的另一句歇后语叫作“木渎鼓手—— 一套头”，是借用过去木渎的吹鼓手只吹一套乐器（不愿吹其他乐器）的传说，来比喻一种格式、一套衣服、一种腔调。“木”在这里显然隐喻那些不灵活的人：他们只会吃饭，管不了，也管不好事。是对官僚们不为民办事的一种抨击。

新鲜活死人

新鲜活死人，又可简说成“活死人”，是苏州民间常用语，通常用来“恶评”或骂人，比喻为感觉麻木，反应迟钝，呆板，不知变通的人。有时也将那些不愿招惹世事，怕事，遇事多回避，不开口说话，不肯表示立场的人列入其中。

苏州另有一句俗语“比死人多口气”，是说某人虽然还活着，也近于行尸走肉，与死人差不多了，只比死人多一口气而已。引申为根本没用或没有感觉的人。

“活死人”有时也用于家庭中，长辈见小辈不灵活，不听从长辈指挥，不响也不行动，也会用“活死人”来训斥小辈。

作为俗语，本语出现得并不算早，清代赵翼《稚存说述庵老人近状尚无恙喜赋》：“诗文采到新先辈，聋瞽几成活死人。”王有光《吴下谚联》卷三有“阎罗王撞着对面鬼，仵作子帮衬活死人”一联。弹词《三笑·银盆泼水》（表）：“唐伯虎看秋香出了神，水滴到俚带的巾上，唐伯虎赛过新鲜活死人，会覅觉着格。”在这里，就是说唐伯虎看秋香走了神，水滴在他带的衣巾上也不知道，好像“新鲜活死人”。张南庄《何典》第一回讲到“活鬼”与“雌鬼”夫妻生的儿子，让雌鬼的兄弟形容鬼取名：“形容鬼想了一想，道：‘就叫做活死人何如？’活鬼大喜道：‘极好，正是这等便了。'"

显然，活死人只是一比喻用语。但是，历史上确有外号"活死人"的。清代凌寿祺《浒墅关志》卷十七："老道士，王其姓，一诚其名，普洱人。少壮为弁，五十时落职无依。之京师，痢作，几死。遇异人传为炼诀，得活。遂入道，自号'活死人'，不以姓名示人。乾隆、嘉庆间来往管山来鹤院，发尽白，髡两髦盛以囊，不簪不巾，人皆以老道士呼之。所居室极精洁，饮酒食肉如常人，而寡言语，曰：'人不伤气是永年诀。'人与语，多颔而不答。越数年，因山洞为生圹，颜曰：'活死人墓。'寿一百余岁终。"

在这段记载中，王道士就自称"活死人"。

例句一："戏中的那个官老爷，一点人性也没有。求他的人把事情从头至尾讲了一遍，对他又是磕头又是哭泣，求了半天，旁边的人都被感动了，连连叹气，官老爷就是不开口，只是眼皮翻了一翻，真是'新鲜活死人'！"

例句二："倷娘喊吃饭，喊了倷勿知几十遍，倷一响也勿响，只顾低头看书，活死人一样，勿作兴（应当）格。"

玖

讲习俗

——岁时民风方言里

有魔必有神，有鬼必有仙。重九登高，免不了牵羊赌彩；观音开山，讲究是非错对；民间祈福，驱散晦气。苏州有神仙，活在民风中，活在方言里，折射的还是人世间对美好生活的向往。

观音山轿子——人抬人

观音山轿子——人抬人，也是一句歇后语，该话语的中心是“人抬人”。人抬人，谐音“人待人”，人与人之间相待以礼。评话《英烈·兵进镇江》（表）：“胡大海说邓青是假投降。徐达元帅想：观音山轿子——人抬人，只要我待俚（他）好，俚勿会变心格。”但这话又有人帮人的意思，大家互相帮助，互相支撑，互相捧场。

“人抬人”与观音山轿子，有什么关系呢？

观音山，即位于苏州城西郊，介于灵岩山、天平山之间的支硎山。山东麓有专门供奉观音菩萨的寺庙——观音院。观音院始建于五代吴越国时，院中供奉着巨大的观音菩萨像，为吴中著名佛教圣地。佛教中的观音，大慈大悲，救苦救难，最为旧时市民信奉。传说观音生于农历二月十九日，所以每到二月十九日前后几天，人们去观音山朝拜，免不了点香烧烛，磕头祈祷。由于香火鼎盛，远近闻名，观音山香市因此而起。集市上总是车水马龙，街上、河里、山径、店铺、寺院，到处人头攒动。旧说观音山香市三多：游客多，香客多，文客多。文客（文人墨客）又谐音“坟客”。观音山的僧尼也会在这时建“观音会”，道场内供奉着各种各样的香花，上香的妇女们从二月初一就要开始吃素斋，到这天才能截止，称“观音素”。

明清两代，观音院的香火非常旺盛，每到这日，院门敞开，延引香

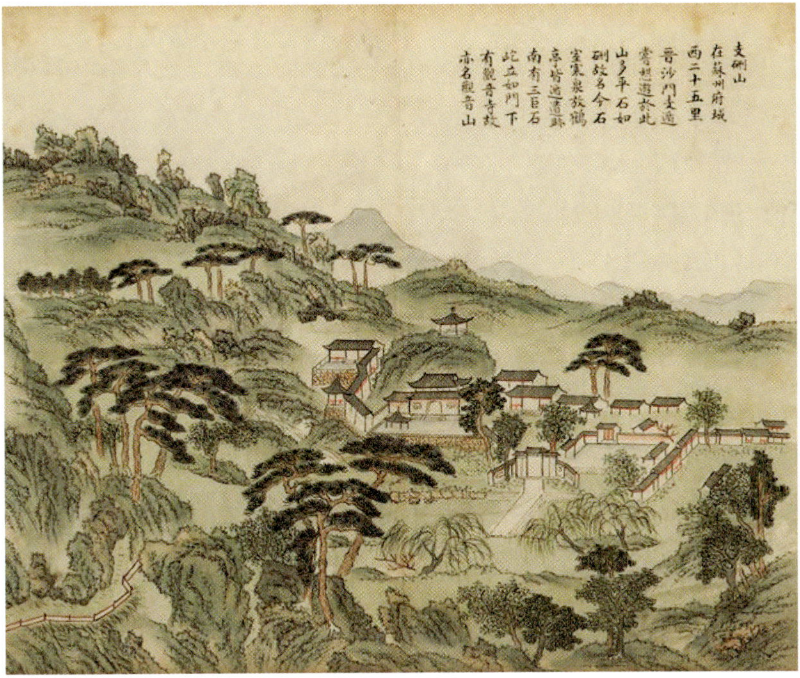

《乾隆南巡盛典》名胜中的支硎山，现藏国家图书馆
观音山就是苏州城西郊介于灵岩山、天平山之间的支硎山。山东麓有专门供奉观音菩萨的寺庙（观音院）

客，吴中士女无不前来焚香顶礼，上山沿路的茶蓬、酒肆、饼炉、香铺，家家都赶着观音会做买卖。香市上人挨着人，甚至“瞽者说书，立者林列，行者摩肩，遗簪堕珥，睹不暇拾”。《清嘉录》卷二“观音山香市”记录了这项民俗活动：

“按《府志》云：‘府西二十五里有支硎山，以山之东趾有观音寺，故又名观音山。’长、元、吴《志》皆云：‘二月十九日为观音诞。支硎山，士女连袂进香。’徐崧、张大纯《百城烟水》云：‘支硎山，人称观音山，三春香市最盛。’黄省曾《吴风录》云：‘二三月，郡中士女浑聚至支硎观音殿，供香不绝。’”

进香的善男信女中，多以家庭成行，常常扶老携幼。年老的，携着幼孩的乃至年轻女子，如何走得山路？所以“人多赁坐竹舆，舆无帷盖，两人肩以行，风日不蔽，而可游瞩林峦，名观音轿”。原来进香者大多数租了“竹舆”而行。舆就是轿子，但这轿子，是纯用竹子做成，就像一把竹椅，周围及顶上都不设遮布（帷盖），不像平常所谓的官轿、花轿，上有遮盖，四周围以板壁或帷幕。因为没有遮挡，所以不蔽风日，坐在上面，反而可以四处张望赏景。轿子做得轻，前后各有人抬着轿竿（也是用竹竿做的）而行，十分便利。这种没有“帷盖”，坐在上面尽可观景的“竹舆”，因为专用于抬人去观音山朝拜，所以人称“观音山轿子”，简称“观音轿”。轿子是人抬的，坐的也是人，所以是“人抬人”。在这句话里，“抬”除原义外，又引申为“捧”、“帮”的意思。

之所以强调“观音山”，就是因为上观音山朝拜者很多，坐轿、抬轿成了一个特别引人注目的现象。而且，因为是上山朝拜菩萨，无论是抬轿、坐轿，都比较文静（至少不会高声叫喊、争道、喝道，以免对菩萨不敬，亵渎神灵），气氛融洽，与通常官轿呼幺喝六的横冲直撞以及抬花轿的喧闹、繁沓，大不相同。相对和平的气象，当然是“人抬人”的题中应有之义。

苏州民风谦和热情，遇到某事需要大家支持时，总会有人出手帮忙，这就叫“观音山轿子，人抬人”。因为附和出力与出声的人更多，有时也就变成了“捧场”的代名词。例如某人某事，只有几分好，但大家都会高调表示支持和赞扬，你或许会感到奇怪，问：“你们把他说得这样好——不至于吧？”这时，就会有人劝说道：“观音山轿子，人抬人嘛。”言下之意，与人为善，往好的讲、高的讲，捧捧场而已。所以苏州话又有“花花轿子——人抬人”，在这里，苏州话“花”，就有场面上讨好人的意思。

此外，观音山开山在城内也是一桩大事。旧时苏州城内私家园林一般不向大众开放，即使对外，也要待二月十九观音山开山后才开放。清代诗人蔡云在《吴歈》中说：“支硎有观音院香市，自二月十九始。俗谓之开山，开山后诸名园遍开。”

老和尚过江

这是一句有关苏州地方气候的谚语。每年农历二月二十八日，苏州地区常见狂风大雨，民间传说，因为这天是“老和尚过江”的日子，所以必有风雨。顾禄《清嘉录》卷二“老和尚过江”条云：“（二月）二十八日，为老和尚过江，必有风报，若吹南风，主旱。按：范成大《吴船录》云：‘丁巳，泊长芦，襆被宿寺中，此为菩萨达摩一苇浮渡处。’然未尝指定此日也。《昆新合志》谓：‘二十七日、二十八日南风，主旱。’谚云：‘念（廿）七念（廿）八吹得庙门开，蛳螺蟛蚬哭哀哀。’”比《清嘉录》稍迟一点的袁景澜《吴郡岁华纪丽》卷二“达摩渡江”条云：“范石湖《吴船录》称，长芦寺‘为达摩一苇浮渡处’。吴俗以二月廿八日为达摩渡江，必有风暴。若南风，则主旱。谚云：‘廿八风吹庙门开，水田漠漠起尘埃。’”袁景澜并有《达摩渡江日风暴》诗，更是吃准二月二十八日过江的这个和尚就是佛教中的达摩祖师，而这里的江，指的就是长江。

为什么老和尚渡江这一天必有风雨呢？

有的说，达摩一苇渡江，是为了传播佛学，所以观音菩萨特意召唤风雨送他顺利过江，若无风雨，一根芦苇如何过得大江？也有的说，这和尚并不是达摩，而是个恶和尚，过江带来瘟疫、旱涝灾、蝗灾，所以老天借刮风下雨，把和尚淹死在江中，人间才会太平。有的甚至说老和尚姓马，所以老和尚又称作马和尚，实际上是梁山伯、祝英台故事中的马文才，马因为没能娶到祝英台，一气之下出家当了和尚。每年这个时候他要出来危害人间，老天所以要刮风落雨，就是要把他刮到江里去，一年就太平了。至于刮南风还是刮北风，无关紧要。

实际上，农历二月正是江南天气变化最为剧烈的时候，江南特别是苏州一带，低气压多，容易产生多风、骤雨天气，冷暖空气又频繁交汇，冷暖气团在江南一带上空来来去去，更容易出现风雨。二月初二，即民间所谓“龙抬头”日，龙的出现当然必带风雨。二月初八前后，也多风雨，民间传说初八日是所谓“张大帝生日”。张大帝（张祠山）有三个女儿，一嫁给风，一嫁给雪，一嫁给雨。张大帝生日，几个女儿要回来给他做生日。张大帝又要吃冻狗肉，狗肉热性，不易冷冻，所以这天必然作寒，多风雨，民间就说是“张大帝吃冻狗肉”。二月十九日，是观世音生日，这天也必有风雨，算是为观音洗尘，俗称“观音报”，“报”字一写作“暴”，即暗示有暴风雨。下来就是二月二十八日“老和尚过江”了。正因为如此，民间又称农历二月为“神鬼天”，又作“落沙天”。《吴郡岁华纪丽》卷二“神鬼天”条云：“吴郡水乡地湿，恒多春荫，风雨溟濛，云容沉黯，俗称神鬼天。苟无雨，亦多暴风。大块噫气扬尘，黄沙蔽天，谓之落沙天，沙即霾也……”

农历二月，从龙抬头到张大帝吃冻狗肉，到观音报，到老和尚过江，都有确定的日子，传说的这些天必有风雨，即使这天不见风雨，但此日前后（所谓前三后四）必有风雨。吴人是非常幽默的，明明是气候现象，偏要让它拟人化。什么龙呀，帝呀，观音呀，和尚呀，听说还有什么“关老

《达摩渡江图》 明·吴廷绘
达摩一苇渡江，是为了传播佛学，所以观音菩萨特意召唤风雨送他顺利过江

爷磨刀日”，关羽的青龙偃月刀若要磨的话，肯定是下雨天——磨刀是要水的啊！

在所有这些已经编成故事的“节日”中，“老和尚过江”日刮风落雨大约是最为灵验的。笔者查对了自己的学习笔记，从1973年的农历二月二十八日（4月1日）到2014年的农历二月二十八日（3月28日）的四十二年中，凡农历二月二十八日当天刮风落雨的有二十四个年头，当天无风雨但前后一天有风雨的有七个年头，加起来共有三十一个年头，占四十二年的73%。如果按前三后四计算的话，共有三十九个年头即近93%是符合“老和尚过江，不是风就是雨”的，只有 1978年4月5日、1982年3月23日、2013年4月8日的农历二月二十八日，是无风也无雨（包括前三后四日），仅占7%。民谚正确率之高令人咋舌！

当然，这绝对是生活在苏州土地上的人们对几千年来地方小气候的经验性总结，只是附会了“达摩渡江”的传说而已。

乌米饭

乌米饭，又称青精饭，是用一种浸泡了“乌饭树”树叶汁的大米烹制成的米饭，饭呈紫黑色，故曰“乌”。

乌饭树，为野生植物，学名南烛，又称乌饭草，为杜鹃花科的常绿灌木。多分枝，叶互生，卵形或椭圆形，革质；秋季开花，花筒状卵形，白色，浆果球形，熟时紫黑色，味甜，可食。乌饭树在我国南北广见生长，而以“江左吴越至多”。人们常把它的叶子通过采摘、捣烂、火熬等几道工序，制成汤汁，和米合煮（米以糯米为佳），最后烹制成乌黑晶亮的乌米饭。乌米饭吃口软糯，清香四溢，营养丰富，我国古代药典如《本草纲目》等都把它列为仙方，民间更是把它视为补益脾肾、轻身明目的珍品。现代科学更证实，乌米饭中含有人体不可或缺的十七种氨基酸和硒、磷、钙、镁、铜及维生素等三十种有益于人体的营养元素，它是名副其实的食疗同源的美食。

江淮一带民间多见吃乌米饭的风俗，先是把乌饭树上的叶子像采茶叶一样摘下，洗净捣烂，再加上适量的水和少许明矾，用文火熬成紫色汤汁，捞出叶渣，将糯米倒入其间浸泡。半日后，取出米来上笼蒸熟（或者像烧煮米饭一样直接烹制），就成了乌米饭。乌米饭米粒乌黑发亮，香气四溢。若将它做成饭团，则又称乌饭团。香味浓郁的乌米饭若拌以白糖（乌饭团则将白糖、芝麻包在其中），香甜鲜糯，十分可口。

关于吃乌饭的来历，各地传说不同。浙江海宁一带，吃乌米饭据说是为了纪念牛的生日。而苏州、杭州一带，则是为了纪念孙膑。传说战国时期，孙膑遭庞涓陷害，被关进猪舍。同情孙膑的老狱卒用乌饭树叶煮糯米，捏成一个个呈乌褐色的极像猪粪的饭团子，偷偷送给孙膑吃，以瞒过庞涓。孙膑吃了这种饭团，身体日益强壮，终于逃出监狱，报仇雪恨。民间又有目连烧乌米饭喂母的故事。故事说，目连是个孝子，母亲受人诬告，被关进牢房，目连每天烧白米饭给母亲送去，都被狠心的牢卒先吃了，只把剩下的一点让给目连的母亲，母亲气愤交加，也吃不下。目连看在眼里，急在心里。四月初八日那天，目连上山吹柴，在向阳的山坡上发现一种矮小的树木，碧绿的叶子，油光闪亮，竟发出阵阵清香。心想：要是用这树叶烧饭，或许更芳香可口。于是采了一篮树叶回家，把叶捣烂，挤出汁水，用来煮饭。煮成的饭，乌油油的，放在嘴里一尝，香软可口，当即盛了满满一大碗，直送牢里。牢卒见饭是黑色的，嫌脏，没有吃，全倒给了目连母亲。母亲知道饭是目连做的，放心吃了，还吃得挺香甜呢。后来，目连将母亲救出苦海，母子团圆。老百姓为了纪念目连母子，每年就在目连第一次烧出乌饭的四月初八日，烧一顿乌饭吃，代代相传。

以上都是民间传说，据比较确切的文字记载，则是指苏州籍道士邓伯元从“仙家”引入“人间”的（见陶弘景《真诰》），这样算来，距今也有一千八百年以上历史。苏州盛产稻米，城西，众多山丘又遍长乌饭树（尤以穹窿山一带为盛）。适宜的水土气候，使苏州一带的乌饭树叶长得极为肥美。因此，说苏州人邓伯元发明（或者说是推广）乌米饭，应当乌米饭，又称青精饭，是用一种浸泡了『乌饭树』树叶汁的大米烹制成的米饭，饭呈紫黑色，故曰『乌』

说是可信的。乌米饭是民间一种食疗品，它“强筋骨，益气力，固精益颜”，现代医学研究则证明，乌米饭确实具有益精气、强筋骨、明目、止泄的作用，久食有益于健康。农历四月中上旬，正是江南乌饭树新叶茂盛之时，采摘熬制叶汁，正当其时，所以苏州人吃乌米饭，多在四月中上旬。而农历四月初八，又逢佛教浴佛日，佛家多念“阿弥陀佛”，吴语“乌米”又与“阿弥”谐音，故又称“乌米饭”为“阿弥饭”。

近年来，苏州人改革了传统的乌米饭烹制方法，将乌饭树叶榨成乌米汁后，按一定配方浸泡大米，然后用特殊工艺予以风干。制成的“乌米”（青精米），就像普通大米一样，可以贮藏，也方便了包装和运输，又可随时烧成乌米饭、乌米粥等。“乌米饭”“登堂入室”进入酒家饭店，开始“走向全国 ”。

例句一：“春天到哉，大家才（全）要吃乌米饭，吃仔长精神。”

例句二：“现在有冷藏库，乌米可以真空冷藏，要吃时取出现烧，所以一年四季都能吃到乌米饭。”

牵羊赌彩

牵羊赌彩，一称牵羊博彩，是苏州“九九重阳节”中的一项民俗活动，与“四月十四轧神仙”一样，最具吴地特色。

农历九月初九重阳节登高，为我国的传统节令，早先是登山祛邪避难，后来慢慢就演化成以登高为主的游乐活动，南北皆然。苏州的登高活动，主要就在城西石湖的吴山上进行。吴山，又称吴山岭，吴越时山上建吴山院（一名寿圣院），故名。它位于石湖西岸上方山南面，海拔一百五十八点五米。在石湖沿岸群山中，算是比较高，山上又多裸岩，在此眺望石湖山水全景，十分宜人。所以历史上，一直是吴民登山活动场所。

明代起，苏州市民的重阳节，除满头插茱萸花、拍手唱太平曲、游赏山水外，还在吴山山顶增加了“牵羊赌彩”的内容，盛极一时。申时行《吴山登高》诗云：“九月九日风色嘉，吴山登高胜事夸。郡人齐出唱歌曲，满头都插茱萸花。横塘迤逦通茶磨，石湖荡漾绕楞枷……不惜勾衣穿薜荔，招邀着屐寻烟霞。万钱决赌争肥羜，百步超骧逐画车。落帽遗簪拼酩酊，呼卢蹋踘恣喧哗……”其中“万钱决赌争肥羜”，指的就是“牵羊赌彩”。

所谓“牵羊赌彩”，即人们登高时，牵了两只公羊上山。公羊性好

《四羊图》 南宋·陈居中绘，现藏故宫博物院

斗，上得山来，驱羊入围，两羊就角斗不已，直到其中一羊斗败为止，以此来决输赢。输方即缴以商定的款额（赌资），之后，还要将山羊宰了烹作佳肴饮酒作乐。羊谐音“阳”，所以牵羊相斗，正合了“重阳”一词。吴山顶上旧有机王庙（苏州机织业人员供奉的神道庙），九月初九也是苏城机匠祭祀机王之日，登高与祭祀两事放在一起，也就越加热闹。当然，登山是要天气晴好，如果天雨“冒雨赏重阳”活动就放在山下附近的治平寺进行。袁宏道所谓“苏人三件大奇事：六月荷花二十四，中秋无月虎丘山，重阳有雨治平寺”，这第三件奇事讲的就是重阳节雨天不能登高，就放在治平寺内进行的游赏活动（包括牵羊赌彩）。

牵羊赌彩是苏州人重阳登高活动中的一个重要节目，通常也是登高活动的高潮。明清以来，一直活跃在吴地民俗活动中，自然也成了“苏州闲话”中的内容。

例句一：“登高，旧俗在吴山治平寺中，牵羊赌彩，为摊钱之戏。今吴山顶机王殿，犹有鼓乐酬神喧阗日夕者。”（《清嘉录·卷九》）

例句二：“兄弟，明朝是重阳节，啊去看‘牵羊赌彩’？”

出 会

苏州话中，旧时的“会”有两种内容，一是做会的“会”，一是出会的“会”。这两种“会”，用的还是“会”字的本义——指有一定目的之聚会或集会，与现代汉语中常用的开会、同学会、同乡会的“会”，似异实同。但是，作为苏州风俗用语，做会的“会”与“出会”的“会”，都有专指的内容。

做会，又称为来会、摇会。这个“会”，是指民间的一种小型信贷活动，具体做法五花八门。大致是参与者各出一份钱款，汇合起来先给某人解燃眉之急（如购物、做事等），之后，各人定期再出一份，参与者轮流收取。“做会”有帮困性质，但也容易流于欺诈。改革开放后，这种小打小闹的“会”已经消失，但也有人认为，民间一度出现的投机性、欺诈性的集资活动，还是属于此类，只是规模变大了。

出会的“会”，则专指民间的迎神赛会，即祭祀神祇的活动。清代钱泳《履园丛话》卷二十一“出会”条：“大江南北迎神赛会之戏，向来有之，而近时为尤盛。……每当三春无事，疑神疑鬼，名曰出会，咸谓可以驱邪降福，消难除蝗。一时哄动，举邑若狂。乡城士女观者数万人。”钱泳对“出会”持否定态度，认为它是“恶俗”。今天看来，钱泳对“出会”的叙述和评价，都不尽准确和全面。

《明代捕蝗图》 清·佚名

旧时蝗灾较多，蝗虫来时，铺天盖地，顷刻间就将庄稼噬咬殆尽，祭供猛将就是为了驱灭蝗虫

苏州的“出会”，主要有“三节”时的“抬城隍”和正月十三日前后的“抬猛将”。

城隍是民间信仰中守护城池之神。平时，城隍的神像是放在城隍庙里的。每年逢清明、七月半、十月朝（初一）三个节日，就要抬出城隍像，周游街巷，城隍要一直抬到虎丘郡厉坛受祀，祭祀内容无非求神保佑消灾赐福。一路上，用仪仗、鼓乐、杂戏迎神、娱神，沿路两边，观众如云，喝彩声不断，也烘托了气氛，这就叫“三节会”。

苏州府城隍的“出会”路线，大致自城隍庙出，沿今景德路向西，北折进吴趋坊，向北出吴趋坊，沿今西中市西出阊门，过吊桥往西，北折过渡僧桥，进山塘街，直到虎丘。队伍进入山塘街，活动也就进入高潮。所以渡僧桥、山塘街一带，每逢“出会”，人山人海，万头攒动，连两旁店铺都成了临时看台。人声鼎沸之中，更有哄然而起的喝彩声、戏闹声，这就是苏州旧时的“山塘看会”。弹词《玉蜻蜓》中就提到过这“三节会”：“到了十月里，苏州要出三节会，据说出了这个会，可菩萨保佑，风调雨顺，人人太平。”

在“出会”队伍中，除文艺表演外，民间杂技中最受人注目的有飞马叉队、关刀队等表演。表演者上身赤裸，马叉在肩上滚动，边行边滚。这类杂技表演队，往往有数十支之多。

此外，队伍中引人发笑的还有“痴官”形象。“痴官”，在这里是丑角角色。他一身官服，还手持夜壶（虎子）——即陶制的便器，旧时用于夜里盛人尿用的。他歪戴着官帽，官帽左右两个碗口大的铜钱做的帽翅上下颤动，在队伍里，“痴官”一边行走，一边做着夸张的动作。每逢酒店，就踱进去，或讨酒喝，或抢酒喝，喝得烂醉如泥，东倒西歪，丑态百出。这个“痴官”形象往往最能博得观众的哄堂大笑。其实，在大家心目中，他就是现实生活中昏官、贪官、奸官、赃官的写照。人们在对他的哄笑与嘲笑中，发泄了对贪官、昏官鱼肉百姓、祸国殃民的愤懑与痛恨。

另一个出会就是“抬猛将”。猛将是江南一带的驱蝗神。“抬猛将”

指的就是抬着猛将神像，周游街巷乡村（并有奔走比赛项目），然后予以祭祀的庙会活动，故又称“祭猛将”、“赛猛将”。旧时蝗灾较多，蝗虫来时，铺天盖地，顷刻间就将庄稼噬咬殆尽，祭供猛将就是为了驱灭蝗虫。后来，祭祀猛将，就不单为了驱蝗，还为了求雨、祛邪、求福，形成了祈求国泰民安的民间风俗。《清嘉录》“祭猛将”条说：“相传神能驱蝗，天旱祷雨辄应，为福畎田，故乡人酬劳尤为心愫。”

苏州古城内，城东卫道观前有猛将弄，弄内有猛将堂，城西宋仙洲巷内也有猛将堂（吉祥庵），一称大猛将堂，都是安置猛将神像、祭祀猛将的祠堂。苏州郊外农村祭祀猛将的风俗，更为浓厚，“穹窿山一带农人舁猛将，奔走如飞，倾跌为乐”，“坊巷乡村，各为天曹神会，以赛猛将之神，谓神能驱蝗，故奉之。会各杂集老少为隶率，鸣金击鼓，列队张盖，遍走城市……”（《清嘉录》卷一）

苏州城乡普遍的“抬猛将”活动中，尤以吴中区东山的更为突出一些。

无论是“抬城隍”，还是“抬猛将”，“出会”活动中的各种表演，本意当然是在娱神，或者说是媚神，以求得神的保佑和赐福。而事实上，是民众，特别是平时娱乐活动极为贫乏的乡村农民的一种自我娱乐，在这人神“共娱”的过程中，民众们得到了莫大的欢乐和艺术享受，平时枯燥、单调、压抑的情绪也得到了释放。“出会”在苏州城乡已延续了好几百年，即使在“文革”“破四旧”时期，“出会”被禁止了，但“出会”的相关故事，仍在民间记忆中珍藏，在口头语言中流传。如今，在苏州城乡，“出会”的形式与内容都有所变化（如：为不妨碍正常的社会生活，不在闹市区进行游街，将“出会”活动限制在相对空阔的场所，并剔除一些过于荒唐、恐怖、迷信、无聊的活动内容和场面，加大文娱活动内容等），但民间自我娱乐的性质未变，祈求国富民强的心态也一如既往，而且越加强烈，散发着团结、和合、追求的正能量。

解元

拾

讲闲话

——稀奇事体有一箩筐

稀奇即稀罕，稀奇又不是稀罕。别看他嘴花野味野豁豁，搞笑中不尽乖张。闲话中接着地气，或与你一拍胳缝。碎玻璃冒充金刚钻，又何必鼻涕说鼻涕。幽默吧，滑稽吧。苏州人开出口总是让人有三分惊喜。

上图：《新鲜笑话十稀奇》选自苏州桃花坞木刻年画
下图：《真正快活十有趣》选自苏州桃花坞木刻年画

稀 奇

所谓稀奇，通常解释为“稀少新奇”，有时可作“稀罕”讲。这个词，《现代汉语词典》已收入，但《辞海》、《辞源》中却找不到，也挺稀奇的。说穿了，也不稀奇，因为从本源看，它属于吴方言，“进入”现代汉语的历史还不长远。

稀奇一词比喻“稀少新奇”，最早出于《官场现形记》、《海上花列传》等小说。比喻“奇怪”，在《珍珠塔》、《九尾龟》中已经出现，若配上“作怪”（即“稀奇作怪”），则出现在《醒世恒言》、《拍案惊奇》等书中，它是“后起”的口语，似乎不成问题。但是在吴方言地区或者干脆说在苏州一带，“稀奇”却是常用的话语。苏州旧时有《百稀奇》歌，四十多年前，我曾听当地农民吟过，每十句为一段，每段以“稀奇稀奇真稀奇”开场，一共十段合一百句，故名“百稀奇”。其中第一段是这样的：

稀奇、稀奇、真稀奇。一稀奇，鼻涕淌勒（在）眼荡里；两稀奇，吃饭吃勒鼻头里；三稀奇，三岁妹妹养弟弟；四稀奇，尼姑堂里招女婿；五稀奇，孵鸡孵勒瓦楞里；六稀奇，螺蛳壳里

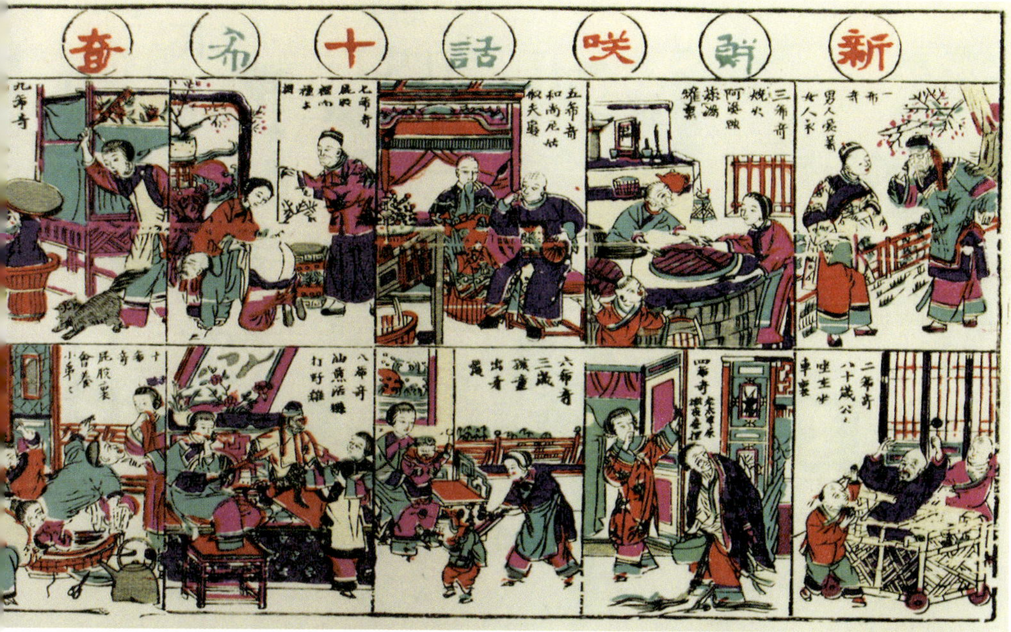
新鮮咲話十希奇

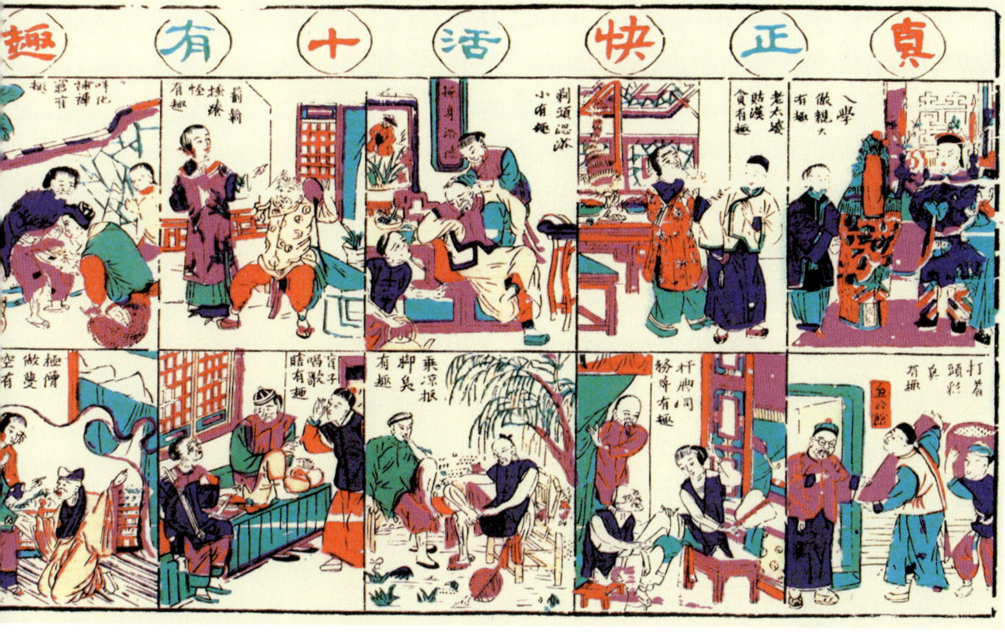
真正快活十有趣

做道场；七稀奇，七石缸墩勒油盏里；八稀奇，八十岁老太睏勒摇篮里；九稀奇，肚脐眼里打喷嚏；十稀奇，石子街上坌荸荠（苏州话坌，锄，刨土的意思）。

《百稀奇歌》自第二段以下，农民们已不能记全，残存的有“眉毛长在眼睛里”、“雄鸟生蛋雌鸡啼”、“蚌壳里摇船出太湖”、“燕子啣泥驳断海”、“小鳑鲏跳过洞庭山”等等。同类的歌在同属吴地的上海也有：蚱蜢勒拉吃田鸡，麻雀踏煞老孵鸡，癞团（蛤蟆）落在戥盘里，黄牛逃进鸡棚里，游水游在面盆里，和尚尼姑拜天地。江阴一带的还有：树头顶上排荸荠，喜鹊窝搭在烂泥里，山头顶上罱河泥，五个小姐跌勒汤罐里，七石缸放进酒盅里，八仙桌装在口袋里，烟囱管里钓鳗鲡，黄鼠狼洞里孵小鸡等。这些稀奇歌歌词所述的都是生活中反常的现象或是荒诞不经的故事，但从歌词中可以看出，反映的还是吴地的风物、语言、文化。

“稀奇”在苏州人口中常常反映的是“不相信”，是否定的口语。“真稀奇，太阳从西边出来哉！”太阳怎能从西边出来呢？当然不相信，于是称“稀奇”。有时也表示奇怪口气：“他平常功课总是不及格，这次考了第一名，太稀奇了！”这个“稀奇”表示的虽不是绝对的否定，却是表示“怀疑”。表示稀少而新奇的，即“特别”的也有：“倷说啊稀奇，天热得大家都穿单衫，老王还穿着棉袄！”此外，在有些时候，稀奇等同于普通话“稀罕”，即像宝贝一样看待。

例句一：“老王买仔一台大电视机，稀奇煞哉！”

例句二：“老张买仔5S格手机，有皮壳子，还用丝巾包着，不要说碰了，看都不让人看一眼，勿要忒稀奇噢。”

但是，有的时候，苏州话中的“稀奇”却是用于贬义。“稀奇点啥！”就是有什么可稀罕的，有什么可宝贝的。因此，当某些人的言行过分“作秀”时，老苏州看不惯时，就会说一句：“稀奇勿煞，烂泥菩萨。”勿煞，是稀奇的词缀，比喻太过分了。意思是说：别看你太得意，太自以为是，你的作态（或你的宝贝东西），无非是烂泥做的菩萨（泥塑佛像），有什么用？

近日看到沪教版《语文》（一年级上册），居然有《稀奇歌》，这当然是儿歌性质：“我家有个小弟弟，做的梦儿真稀奇：小蜜蜂，追飞机；麻雀踩死老母鸡；蚂蚁搬去一袋米，河马睡在摇篮里。”童趣盎然，充满了生活情趣，对培养儿童念诗、唱歌谣，培养儿童准确学讲吴语，都是很有帮助的。

嘴花野味

嘴花野味，或作“支花野味”、“珠花野味”，比喻讲话的人，说东道西，胡言乱语，花言巧语，神经兮兮地搪塞推托。

评话《英烈·胡大海手托千斤闸》中有段说白：“胡大海打仗一面打一面讲，嘴花野味，趁别人勿防备，拉起来一斧头。”在《何典》第三回，

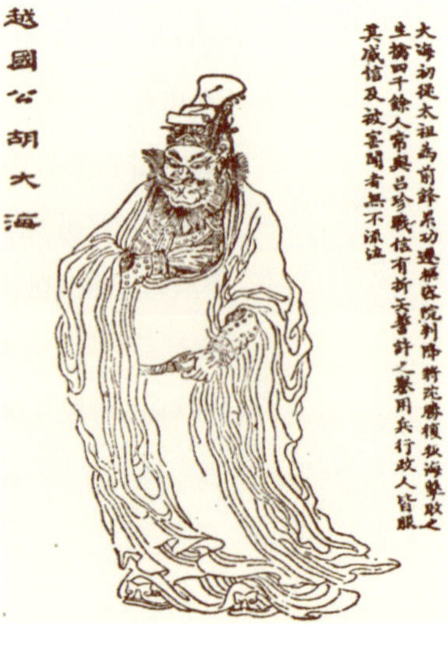

明朝开国功臣一代豪杰胡大海及民国版《改良大字足本绣像大明英烈传》书影

雌鬼道："你被土地捉去时，吓得我头昏耳朵热……又立马造桥要许多银子，那里连肚肠根几乎急断。千算万计，连我的壁挺如意，头肯簪，赵珠花俱上了鬼当里，当出银子，方能凑足数目送去，弄你出来……"明代大文学家冯梦龙在《山歌·鱼船妇打生人相骂》里也用了这个词："……又弗是争田夺地，天呀，只问你相骂有耍好听。依我劝开子罢，我老人家是一派正经。（歌）并弗是羹碗里鱼头拨拨转，支花野味赵谈春。"冯梦龙并自注："昔年有赵谈春者，善诙谐。吴语谓没正经曰'赵'。因曰'赵谈春'云。"李诩《戒庵老人漫笔·麻峻笼统赵》也有一句："今人以虐罔不实而斥其妄行者，则曰赵。"所以说赵谈春"支花野味"，神叨叨地胡言乱语。

嘴花野味的意图，就是千方百计地利用各种言语（包括配合说话的各种肢体语言），让对方或迷惑懵懂，或信以为真，最后达到"忽悠"之目的，任"嘴花野味"者摆布。

例句一："倷啊，一日到夜支花野味，啥人看得起？"

例句二："倷看俚支花野味，准定又来骗人！"

一拍脗缝

一拍脗缝的“脗”是个冷门字，音wěn，原意为嘴唇，现通作“吻”。但苏州话念作“抿”（mǐn），即抿着嘴笑的“抿”，所以“一拍脗缝”通常又写作“一拍抿缝”。苏州话“一拍脗缝”，有时又作“一拍一脗缝”，原指木工在木器拍合榫头时，正巧合缝，比喻一拍即合，指事物正合适、正匹配的意思。弹词《孟丽君·相府招亲》（表）：“闲人对孟丽君说，相国千金招亲，倷去正好，十八岁，一榜解元爷，覅娶亲，真是一拍一脗缝，无有勿成功。”《何典》第六回：“勿有个精胖小来做他口里食，真是矮子爬楼梯，巴勿能够的，自然一拍一脗缝。”《缀白裘》九集第四卷：“极妙个哉，就拿个心事说得上去，一拍一脗缝哉。”吴歌《小青青·成亲》：“一拍抿缝就是留仔一条痕……”

中国古代木工拍合榫头，由于紧密咬合，相当牢固，所以基本不需用铁钉钉牢，特别是苏式家具制作，充分、合理地使用了卯榫、楔丁，沿用数百年而不脱碎毁坏。苏式家具常见的榫楔，种类非常多，主要有格角榫、综角榫、明榫、暗榫、闷榫、通榫、半榫、托角榫、长短榫、抱肩榫、勾挂榫、燕尾榫、皮带榫、夹头榫、楔丁榫以及穿楔、挂楔、走马楔、破头楔等。结构非常紧密，接缝处做到“三角如尖”，其中如用于圆件的楔丁榫，据说如果把工件用力掷于地上，即使板面伤裂，而卯榫依然不脱。

例句一：“他利用榫头把两块木头拼起来，榫头做得特别精确，一凸一凹，合起来，一拍胳缝，简直看勿出是两块木头拼成的。”

例句二：“一个想嫁，一个想娶，好，一拍胳缝，媒人亦勿要哉！”

例句三：“格（这）桩事体两人想得一事一样，一拍胳缝。”

《木工图》 清版画

中国古代木工拍合榫头，由于紧密咬合，相当牢固，所以基本不需用铁钉钉牢，特别是苏式家具制作，充分地合理地使用了卯榫、楔丁，沿用数百年而不脱碎毁坏

鼻涕说鼻涕

汉语成语中有“五十步笑百步”，原意是上阵打仗，一个退了五十步，一个退了一百步，都是吃败仗做了逃兵。但退了五十步的反而笑话退了一百步的。甲取笑乙，乙看不起甲，其实大家都有欠缺和把柄，虽然程度不同，但性质是一样的。

苏州话中类似的叫作“鼻涕说鼻涕，自家鼻涕嗒嗒滴”（“鼻”字苏州人念作“勃”）。流鼻涕，是伤风感冒的表症，所以无论是拟人化的“鼻涕数说鼻涕”，还是象征流鼻涕的人笑话流鼻涕的人，意思都一样：大家都有毛病，你说我流鼻涕，可是你自己也“嗒嗒滴”流着鼻涕。你就不要取笑我了——你自己也“一塌糊涂”呀。

之前，苏州还有一句更严重的话，叫作“倷说我格瘌痢头，我说倷格猪狗臭”。“猪狗臭”，即指人体特殊恶臭（狐臭）。此语已是互揭毛病、丑事，纯作贬义，程度上更趋于夸张，除非是激烈的争吵，一般情况下已很少有人用它。如两人有口舌之争，小范围的，经常会有人来劝架，见两人相互揭短，就会说“鼻涕不要说鼻涕”，后半句“自家鼻涕嗒嗒滴”也就不说。言下之意就是：你自己也有毛病，就不要说人家了。就是说双方都有同样的毛病，在众人眼里，充其量也只是小毛病，就不要互相揭短吧。用另一句苏州话来说，就是两人差不多，都好不到哪里，但也都坏不

旧时上海十里洋场，特别在意穿着打扮和动作气派，实际上却窘迫得连正常生活都有问题

到哪里，或者说谁也不比谁好多少，“傍七傍八”，“半斤八两”，大家都一样的意思。

作为比喻，“鼻涕说鼻涕，自家鼻涕嗒嗒滴”程度上比骂人的“癞痢头，猪狗臭”要轻许多，与“五十步笑百步”也多少还有些区别。有时亲戚、朋友间互相调侃时也多用，而“癞痢头，猪狗臭”之类，重点是揭丑，其性质已是真吵架、吵大架，甚至近乎“泼妇骂街”，情况就严重得多。如果劝架时，要说大家都有毛病，大家都有责任，还有讲“一只碗不响，两只碗叮当”的，它与“鼻涕说鼻涕”也是有点差别的。差别在于“鼻涕说鼻涕”多少有些贬义。

派头一落，转去吃粥

这是早先取笑部分上海人的一句话，后来广泛比喻某些人爱时髦，特别在意穿着打扮和动作气派，实际上却窘迫得连正常生活都有问题。旧时十里洋场的上海，最讲究“面子”，苏州话叫作“只要面子，勿要夹里”，特指衣被之类，一般总有里外两层或多层组成，里层或夹层称“夹里”。还有“死要面子活受罪”等，特指社会风气，衣帽取人，势利眼多。一些贫苦家人，出门干事，为了不被人看轻、欺负，也不得不穿着或打扮得像个有钱有势的，非常有“派头”，叫作“派头一落”（一落即一副，全身散发的那种“气场”）。转去即回家。回到家里，却什么都没有，连干饭都吃不上，只能躲在角落里喝粥。

为此，苏州还有一句顺口溜，叫作“不怕天火烧，只怕踢一交”。天火烧，即不明原因的火灾。着火了，家里烧成个空壳子，无所谓。为什么？因为好的衣服，值钱的东西（例如手表之类）都穿戴在身上——或许手表之类，还是借来的，也因此愈加跌不得。

派头一落，转去吃粥，还有一句“孪生兄弟”：“身上着得软披披，屋里呒不夜饭米。”软披披，指以绸、缎、绫、罗等贵重衣料做的衣服，非常柔和光鲜；呒不，即没有。身上穿的是丝绸料作缝制的衣服，好不光鲜富态，但家里穷得连当天做夜饭的米都没有。

鸭孵卵冒充金刚钻

孵，苏州话念作“婆”；卵，苏州话念作“乱”（上平声）。鸭孵卵冒充金刚钻是描绘没有什么本领的人，自以为很能干（自我感觉良好），不懂装懂，甚至瞎起劲，显得言行可笑。此语又常被简缩成“鸭孵卵”，意指做的事差劲，或很容易把事情搞砸的人。

鸭子（家鸭）在苏州被称作“鸭连连”，简称作“鸭”。生物学家告诉我们，鸭是由野鸭（绿头鸭）驯化来的，品种较多，分肉用型（如北京鸭）、蛋用型（如绍兴鸭）、兼用型（如高邮鸭）。一般来说，鸭生长很快（苏州另有句俗语叫作“一年鸡，半年鸭，六十日黄鹅正好杀”），四至七个月就开始产蛋（卵），多的每只年产二三百枚，但是鸭的“就巢性”已经退化，也就是说鸭不会孵卵培育小鸭子，一般都用人工孵卵、育雏，民间早先是让老母鸡（苏州称老孵鸡）代孵鸭蛋的。因此，正如人们设想的，这句俗语原来很可能是“鸭孵卵，装啥格老孵鸡”。由于苏州话孵念作“婆”，阿孵卵又讹作“阿婆卵”，变成这样，这句话就与“银样蜡枪头”接近（暗示性无能）。由于钻石硬度大，用它所做的金刚钻是用来划割玻璃的，而银样蜡枪头，是讽刺对方“软弱”。冒充硬度大的金刚钻，表面上看看还可以，但既然是“软”的，如何能划割玻璃？若拿它划玻璃，当然要砸锅、坏事。

《溪凫图》 元·陈琳绘，现藏台北『故宫博物院』

鸭孵卵三字虽然比较粗俗，但已成为苏州人的“口头禅”，男女不忌，老少都可说，都能懂。后来又有人把这句俗语转换成“碎玻璃冒充金刚钻”，也比较形象——据说20世纪70年代，上海一部所谓“反击右倾翻案风”的电影，首创把“鸭孵卵”改作“碎玻璃”，并用作台词，一时风靡全国。另外，苏州人形容没能耐、没本事的人瞎起劲，有时也叫作“瞎卵斗”。

“吉格罗朵”先生在他的博客上，曾写了一篇《苏州俗语的雅和俗》，引用了他朋友的一句“博评”，说：“碰到某人不懂装懂，还自以为是，就直接说：‘倷去划玻璃吧！’”确实够幽默的，也确实是苏州人的口吻。

例句一：“刚刚会写几笔毛笔字，连籀、隶、真、草、行还搞不清，就以书法家格名义，开班收学生哉，真是‘鸭孵卵冒充金刚钻’。”

例句二：“倷以为到太空去，就像乘飞机一样便当？人人好去格？真是鸭孵卵！”

例句三：“倷让俚去当总经理，那末鸭孵卵哉，公司一定要蚀本（亏本）！”

盐也（亦）勿是盐，酱也（亦）勿是酱

盐与酱是最常见的食用调味品，但各地的盐与酱都是有当地特色的，这里的盐指食盐，酱专指豆瓣酱。苏州地处东南沿海，所用的食盐多为海盐。而酱，名目就比较多一点，苏州地产黄豆（大豆）、蚕豆，用发酵后的黄豆、蚕豆制成的“酱”，就是豆瓣酱，它与用发酵后的麦制成的面酱不同。这里所谓的酱，指的是糊状类的调味品，而与近似酱的糊状食品如果酱、虾酱、蟹酱更为不同。

苏州制作豆瓣酱，有悠久的历史，制作豆瓣酱当然少不了盐，但豆瓣酱与食盐已是两种不同的调味品。苏州人日常享用的调味品以海盐、豆瓣酱为多，但盐有盐的味道，酱有酱的味道，两者是绝然不同的。烹饪食品时，该用盐时用盐，该用酱时用酱。

“盐也勿是盐，酱也勿是酱”，是说盐不像盐，酱不是酱，那就难办了，引申为两者都没有当好各自的角色，或者说都没有准确“定位”。用于社会层面，则君不君，臣不臣，父不父，子不子，“尼姑不是尼姑，和尚不是和尚”。追究起来，双方都是有责任的。若是用于诉讼，肯定是双方各打五十大板。但有时，却又有苏州话“乌勿三，白勿四”的意思，专指某人或某物“人不人，鬼不鬼”，“甜不甜，咸不咸”等等。重点：都不是好东西！

例句：“他俩都不是好东西，盐也勿是盐，酱也勿是酱。”

伸头一刀，缩头也是一刀

《神龟图卷》金·张珪绘
现藏台北『故宫博物院』

伸头一刀，缩头也（亦）是一刀，常用来表示无法逃脱或躲避不了的事，有硬挺的意思。这里的“事”，当然多指不好的事。主人公面对主观愿望不想参与、不想加入、不想发生，却总要发生，而且又难以躲避的事，也会讲“伸头一刀，缩头也是一刀”，表示了一种无奈，有“硬着头皮”面对的意思。弹词《玉蜻蜓·君卿荣归》（表）：“沈君卿做了巡按哉，回转来，俚两个阿哥晓得自家做格事对勿住兄弟，倒底吓格，再一想：伸头一刀，缩头也是一刀，早晚要见面，就去接吧。”

日常生活中，最常见的“伸头一刀，缩头也是一刀”的事例就是杀鳖。

鳖，一称团鱼，苏州称甲鱼。旧时苏州人杀甲鱼，不像现在通行的先用沸水烫死甲鱼后再清洗去壳膜，再肢解，而是“活杀”。怎么叫“活杀”呢？就是把甲鱼踩在鞋底下，用力踩，逼得甲鱼伸出头来，另一人持刀候在旁边，待甲鱼头颈伸长了，顺手一刀，就把甲鱼头斩下，再行处理。有时，甲鱼愣是不肯伸出头来，怎么办呢？甲鱼有个特点，咬住了东西，轻易不松口。利用这个特点，就用竹筷一头硬塞进甲鱼嘴中，甲鱼被激怒了，狠狠咬住竹筷不放，人们拉住竹筷另一头，就很容易把甲鱼头“拉”出来，再顺手一刀。苏州人用这种方法杀甲鱼时，往往会幽默地说上一

句："啥体噢，狠霸霸的（指甲鱼凶狠）。伸头一刀，缩头也是一刀。"

运用这句话，多指无奈，但有时也可用作"坦然面对"，不必太惊慌，太为难，太担忧，相反的有几分鼓励积极应对的意思。例如，一个人把某事搞砸了，上面派员来调查和处理，犯事者十分担心，甚至想溜走，他的朋友就劝道："伸头一刀，缩头也是一刀。不如老老实实承认责任，放下包袱，一切从零开始。"

嚼大头蛆

一个人如果尽讲些无聊、荒唐不经、乱七八糟、令人生厌的闲话，就会被苏州人称作“嚼大头蛆”。嚼大头蛆者，“瞎说瞎话”也。但它是从词语“嚼蛆”演化而来。嚼蛆，是古汉语词汇，清代洪亮吉《晓读书斋初录》卷上就说：“今人所谈不经者，谓之嚼蛆，此风六朝已有之……”元王实甫《西厢记》第五本第四折，写红娘娘斥责郑恒造谣，就说：“那吃敲才（贼），怕不口里嚼蛆……”

当然，有时“嚼蛆”还是亲近人之间的戏谑语，就好像特别亲密的人或恋人打情骂俏时所说的“讨厌”一样，其实并不讨厌。《红楼梦》第五十七回“慧紫鹃情辞试莽玉”中叙述：苏州姑娘林黛玉的使女紫鹃，只开了贾宝玉几句玩笑（无非是说大家都成人了，不要再“动手动脚”，以及林黛玉准备回苏州等），贾宝玉便急得生病，后来在众人照管下（包括紫鹃过去陪着服侍了几天），稍有恢复。紫鹃回到黛玉处，把前后经过告诉了黛玉，又自言自语道：“一动不如一静，我们这里就算好人家，别的都容易，最难得的是从小儿一处长大，脾气情性都彼此知道的了。”言下之意，即

《清・孙温绘全本红楼梦》中的大观园一景

《红楼梦》五十七回写道：『黛玉啐道：「这几天还不乏，趁这会子不歇一歇，还嚼什么蛆！」』

黛玉与宝玉自小青梅竹马，黛玉不如就留在宝玉家（指嫁给宝玉）。《红楼梦》接下就写道：“黛玉啐道：‘这几天还不乏，趁这会子不歇一歇，还嚼什么蛆！’”可见，“嚼蛆”一词，红楼中人也说的。“嚼蛆”当然是斥责别人专讲无聊话的，是贬义词，还有轻蔑之意，如：“不要听他的，成天嚼蛆！”因为是轻蔑、讨厌，反而是日常生活中的用语，常有戏谑成分，严肃意味不够。如果一本正经地批驳、斥责别人，反而不用该词。家长呵斥自己孩子口无遮拦地瞎讲乱讲时，还常常说成“嚼倷（你）格（的）大头蛆”。“蛆”前爱冠以“大头”，就好像斥责孩子“热昏”，会讲成“热倷格大头昏”一样。

冠以“大头”两字，一般认为是用来加重语气的。但“大头蛆”其实是有的。旧时，苏州人家，爱饲养一种小虫，叫“洋虫”。笔者小时候与好多同学都养过、吃过。洋虫，属昆虫纲鞘翅目，拟步甲科昆虫。洋虫，中国古代又名九龙虫，据清赵学敏《本草纲目拾遗》，九龙虫因明末从海外大量传来，故名洋虫。传入日本后，被誉为“长寿保健虫”。这是一种长仅半厘米大小的小黑虫，比米蛀虫的成虫略大，极怕冷，我们通常把它养在铁盒子或其他可封闭的容器内，冷天还得藏于怀中或被窝中，饲以莲心、花生、红枣、杜仲、肉桂、茯苓、核桃肉、冰片、红花等名贵中药，也可饲以少量面包屑、馒头屑、饼干屑等，还常常用一种植物的果球“路路通”供其躲藏安身。路路通，从虎丘山东坡大树下拾来，中医店里也有售。说实话，当初我们对一些中药材的认识，就是从养洋虫开始的。洋虫的幼虫就是蛆，能长到一厘米左右（与如今喂鸟的面包虫很像，但要小得多），之后，便化为蛹，又化蛹为红黑色成虫。中

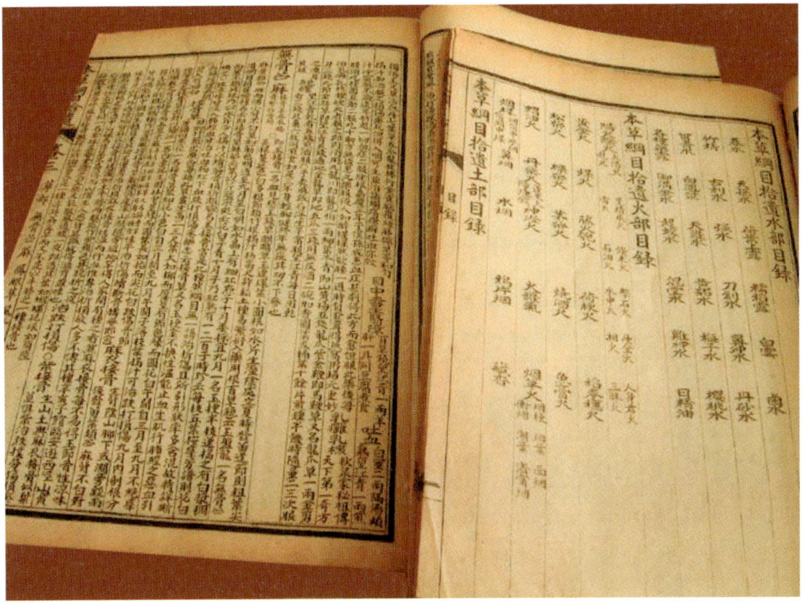

据清赵学敏《本草纲目拾遗》，九龙虫因明末从海外大量传来，故名洋虫。

医认为“洋虫”富有营养，可吃，不仅补气、养血，还治无名肿毒，且有很好的抗衰老作用。据报道，近年还发现洋虫含有丰富的抗癌、防癌物质抗物菌肽。那时小孩子常把红黑色的洋虫放入嘴中缓缓咽下或吞嚼（微有辣味），大人见了也不阻止。洋虫在产卵、孵化、幼虫成长、化蛹、蜕化成红黑色成虫的全过程中，“蛹”的形态最为可爱，就像蚕蛹一样胖乎乎的。蚕蛹在茧子里面，颜色为浓酱色，而洋虫的蛹，“赤条条”的，呈黄白色，只是极小，长短也就只半厘米或稍长些。由于它是幼虫（蛆）化成的蛹，不会动，就像微型的“蜡烛包里的小孩”，头部显得较大，故称“大头蛆”。洋虫是成虫后才能吃的，还未成虫的，只是“大头蛆”，就予以吞嚼，岂不是荒唐乱来？所以“嚼大头蛆”就是“乱嚼”，就是指瞎说瞎讲。

后记

当我开始酝酿本书前言、后记时，女儿雯雯打来电话，问我可看到上海《文汇报》“星期茶座”的内容。原来上海市目前正在讨论“在普及普通话的基础上，如何更好地保护地方方言”这个话题。2014年4月8日《文汇报》“星期茶座”更是在“上海闲话渐行渐远，传承沪语刻不容缓”的大黑体字标题下，集中刊登了六篇谈保护上海闲话（上海方言）的文章。

上海闲话即上海话，也是吴方言中的一支，而苏州话作为上海闲话的母语之一，更是吴方言的代表（目前已有人提出沪语即上海闲话，也是吴方言的代表。就使用人数、近几十年来在全国乃至世界的影响力而言，沪语也确可称得上是吴方言的代表，但它并不影响苏州闲话是吴方言的代表“资格”），关注苏州闲话的保护与使用，显然更是顺理成章。

我生于苏州，自小吃在苏州，活在苏州，玩在苏州，学在苏州。参加工作后除了出差，退休后除了旅游，其他时间也都在苏州（严格地说，只在年幼时，到上海外婆家，来来往往）。可以说，苏州，也只有苏州，才是我的故乡，才有我的乡愁，我乐意“守望”的，也只能是苏州。就“爱国”这个概念而言，作为中华民族的一分子，我的守望理念似乎过于狭隘。理论上，我应当爱的是一个大中华，整个中国，但实际上，如果没有苏州，我还真不知如何去守望，如何去爱。这是没有办法的事，这就是“家乡观念”。

因此，对于苏州的一切，我有着天生的习惯与热爱，其中，当然包括苏州话即苏州闲话或者说苏州方言（或统称吴语）。早在念高中时，我最崇拜也最感亲近的两位老师，上课居然操一口流利清脆的苏州话，这在当时大力推广普通话的校院里，堪称奇事。他们就是物理教师吴德安和语文教师沈文风。特别是吴德安先生，讲课清晰幽默，语音顿挫抑扬，事后我们才知他是评弹爱好者。他的口头禅“隔靴搔痒”、“不得而知”、“何以知之”等，至今还常是我们师生间回忆往昔的话题。

“文革”时期，我还属“青春年少”，对于苏州话并没有感到有什么特别之处。但先师王乘六先生，却在一次谈话中，有意识地提到苏州话的历史与变动，他回忆章太炎先生曾与几个门生在苏州谈论吴方言，并以“大上老君请大王大吃大菜”一句中的四个“大”字的苏州读音为例，来阐述苏州话的古老、高雅与幽默。后来，我就把它写成一篇短文，发表在刚刚问世的《苏州杂志》上，陆文夫先生还就此要我今后多写一点此类的“补白”。在我后来接触的文化人中，朱季海、瓦翁、崔护、吴雨苍等对苏州话也多有相当的关注。而到了最近十数年，苏州话受到的冲击力几何级数般地递增，对苏州话处境忧心忡忡的朋友也相应增多，这或许也是一种反弹吧。朋友中，如沈亮、潘振元、王稼句、朱军、林锡旦、李嘉球、钦瑞兴、许雪根、诸家瑜、臧寿源、沈苏华、陆兆里、王梦沂、郑凤鸣以及马珠英、谢慈添、吴雯娟等，都能讲一口地道流利的苏州话。尽管他们治学的方向、重心或兴趣各异，但对苏州话的日渐衰落，都非常担忧，时常溢于言表，同样使我感怀。

但苏州话也是幸运的，这几年，对苏州话可以说是“政府重视，百姓关心”。2008年国家语委启动了“中国语文资源有声数据库”建设，苏州话成为第一个进入中国语文资源有声数据库的方言。苏州市语委在力推普通话的同时，也十分关注苏州话的现状，而且已经启动了苏州话的保护工程 。在有关部门的支持下，研究和关注、推广苏州话的著述也时见发表与出版，其中苏州大学汪平教授的《标准苏州音手册》以及他和车玉茜合著的《学说苏州话》就以其科学、严谨、深刻而不负众望。特别是《学说苏州话》一书，雅俗共赏，切实可行，深获众心。相比起这些专业著作，相比起广博的苏州话天地，我的这本小书，只如浩瀚的海边掬起的一朵小小浪花，更如在漫天花雨中嗅得的几丝花馨。即使这样，在本书撰写和出版的过程中，也多获上述朋友们的帮助和鼓励。出版社许雪根、唐伟明、张颖等为了本书的出版，可说更是“煞费苦心”；沈亮、王梦沂、郑凤鸣等几乎对我每一篇稿子都贡献了自己的真知灼见。在此，我只能以“秀才人情”方式，恭敬地写上几笔，向他们致以最真挚的谢意。

我五音不全，不太会唱歌，唯独对王菲的《传奇》情有独钟，一有机会就要哼哼——

只因为在人群中，多看了你一眼
再也没能忘掉你的容颜
梦想着偶然能有一天再相见
从此我开始孤单思念
想你时你在天边
想你时你在眼前
想你时你在脑海
想你时你在心田
宁愿相信我们前世有约
今生的爱情故事不会再改变
愿用这一生等你发现……

我想，对苏州的一切，特别是对苏州话，我就有着这样刻骨铭心的爱恋。呜呼，知我者谓我心忧，不知我者谓我何求。悠悠苍天，此何人哉，此何人哉！是为记。

柯继承　于苏州忘形读书斋

2014年5月18日

图书在版编目（CIP）数据

吴语 / 柯继承著. — 苏州 : 古吴轩出版社，
2014.12（2024.9重印）
（典范苏州社科普及精品读本 / 蔡丽新主编. 听声
耳畔苏州）
ISBN 978-7-5546-0351-2

Ⅰ. ①吴… Ⅱ. ①柯… Ⅲ. ①吴语 — 介绍 — 苏州市
Ⅳ. ① H173

中国版本图书馆CIP数据核字（2014）第249854号

责任编辑：张 颖
封面设计：陆月星
装帧设计：唐 朝 韩桂丽
责任校对：徐小良
责任照排：韩雅萍
图片提供：柯继承 蒋家宏 孟峰 唐伟明 钱祺
篆 刻：卫知立

书 名：听声 耳畔苏州 吴语
著 者：柯继承
出版发行：苏州新闻出版集团
古吴轩出版社
地址：苏州市十梓街458号 邮编：215006
Http：//www.guwuxuancbs.com E—mail：gwxcbs@126.com
电话：0512—65233679 传真：0512—65220750
出 版 人：王乐飞
印 刷：苏州市越洋印刷有限公司
开 本：905mm×1270mm 1/32
印 张：8
版 次：2014年12月第1版
印 次：2024年9月第2次印刷
书 号：ISBN 978-7-5546-0351-2
定 价：48.00元